漲股聲利

當眾人對股市的看法都一樣時，
你就該落跑了

肖瑞 —— 著

「每當市場上演極端行情時，
人們就像得了健忘症一樣，忘記了上次慘痛的教訓
——少數人終會賺取大多數人的利益。」

◎ 牛市中的「高成長股」和「熱門股」，隱藏著什麼風險？
◎ 在同產業中業績「穩定」成長的公司，其中有什麼問題？
◎ 買自己在職公司的股票，可以降低投資風險嗎？

 崧燁文化

漲聲股利
當眾人對股市的看法都一樣時,你就該落跑了

目錄

前言
- 一、「樂觀時變」的原則　　10
- 二、「人棄我取，人取我予」的智慧　　11
- 三、「智、勇、仁、強」的人才素養觀　　13
- 四、崇尚勤儉的思想　　15

第一章　「樂觀時變」
——看清市場中的變化

一、關注萬物皆有的週期性　　18
1. 市場中普遍存在著週期性　　18
2. 有人參與便有週期性，人類行為存在著情緒化週期　　19
3. 當別人忘記週期性時，最大的機會就會到來　　19

二、逾越週期性的大趨勢　　24
1. 易學難成的投資市場領域，專業性實踐將成為趨勢　　24
2. 市場的發展是資金集中化的過程　　26

漲聲股利
當眾人對股市的看法都一樣時，你就該落跑了

    3. 股市——經濟發展離不開的市場 26

三、隱藏在市場中的週期 28
    1. 貨幣週期 28
    2. 時間週期 31
    3. 產業週期 31
    4. 流動性週期 33

四、分辨大週期中的次級週期 35
    1. 大週期現象對次級週期的影響 37
    2. 認識並利用次級週期 37

五、簡單但始終有效的方法 39
    1. 利用指數辨別牛熊轉折 39
    2. 市場規律常與「三」有關 40

六、看準時機：市場發生變化的背景 42
    1. 和平穩定的環境催生繁榮的市場 42
    2. 人類社會的技術進步造就繁榮市場 43
    3. 財政政策的轉變是影響市場的主要因素 43

七、通貨膨脹對股市的影響 45
    1. 通貨膨脹與股市的關係 45

  2. 穩定通貨膨脹狀態下的市場　　　　　　　　46

八、假期效應對市場的影響　　　　　　　　　47

第二章　「人棄我取，人取我予」

一、逆向思維——與眾不同，收穫截然不同　　52

二、用大眾的錯誤獎賞自己，用大眾的幻覺認識錯誤　　55

三、為何經濟學家也會出錯？　　　　　　　　57

四、市場中的「平均數復歸」現象　　　　　　61
  1. 投擲硬幣中的「隨機性」　　　　　　　　62
  2. 大數法則下的「平均數復歸」現象　　　　63
  3.「平均數復歸」對不同預期下投資組合的影響力　　64
  4. 冷門虧損股與熱門盈利股的「平均數復歸」現象　　69
  5. 樂觀與悲觀的預期創造了「平均數復歸」　　72
  6. 尋找並耐心等待有可能出現的「平均數復歸」　　74
  7.「平均數復歸」對市場穩定發展的影響　　75
  8.「平均數復歸」中的「順勢」　　　　　　76

五、如何最大化利用「平均數復歸」　　　　　80
  1.「平均數復歸」只是復歸均值嗎？　　　　80

漲聲股利
當眾人對股市的看法都一樣時，你就該落跑了

    2. 用市場中流行的方式超越「平均數復歸」   82
    3.「PEG」與「平均數復歸」   83
    4. 利用「PEG」測量市場   88
    5. 績優股中的「平均數復歸」   88
    6. 警惕牛市中的「高成長股」和「熱門股」   89
    7.「人棄我取，人取我予」是平均數復歸中的大智慧   91
    8.「平均數復歸」賦予投資理論的突破性   93

第三章　「智、勇、仁、強」

一、「智」——知識經驗的整合　　99

    1. 沙堆的臨界狀態   99
    2. 市場永遠處於動態非平衡狀態   100
    3. 共振效應   101
    4. 避開市場中的混沌狀態   103
    5. 分辨市場的聲音   104
    6. 大數據背景下的「坑」   106
    7. 拒絕「拿來即用」   107
    8. 累積才能創新   108
    9. 現實與猜測的距離   110

二、「勇」——培養決策力,把握機會　　**112**

1. 克服心理障礙,培養決策能力　　117
2. 用決策力來保障正確的預測　　117
3. 堅持自信,相信直覺　　121

三、「仁」——「退其身而身先,外其身而身存」　　**123**

1. 老和尚的「仁」性　　123
2. 擁有仁愛的協同觀念　　124
3. 重視具有「仁」性的公司　　125
4. 避開缺乏「仁」性的公司　　130

四、「強」——智達者必志強　　**134**

1. 市場中「知」與「行」的統一　　134
2. 長期投資是贏家的「法寶」　　135
3. 律己是走向成功的關鍵　　138
4. 不斷進化是投資市場的本質　　138
5. 建立「框架」跨越人性的弱點　　140
6. 杜絕一切容易導致不良結果的投資習慣　　142
7. 簡單優於複雜　　149

漲聲股利
當眾人對股市的看法都一樣時,你就該落跑了

第四章　勤儉的力量

一、勤儉養志利投資	153
二、專注力和勤儉總相伴	154
三、勤儉的威力——複利效應	156
四、勤儉的企業精神更有競爭力	159

前言

　　作為一名在股市經歷了二十載風雨的人，我以股市投資為生。在充滿艱辛與挫折的投資生涯中，無數次失敗與成功的經歷為我帶來了無價的寶貴經驗。慶幸的是，我具備對一切事物保持謹慎的態度及踏實低調的性格，同時擁有堅強毅力。這些天性雖然不能讓我成為一名優秀的社交人士，但卻為我探究這個紛繁複雜、迷離多變的投資世界帶來助力。

　　股市投資領域更多體現人性的博弈與變通，我對此有許多體會。投資是一段需要不斷探索、且沒有終點的旅途，需要符合自然規律和人性智慧。這種智慧在人類文明的悠悠歷史長河中，不是人人都擁有，也不是靠著勤學苦練就能領悟。現實中很多人會因為性格、興趣、人生經歷及對失敗原因的理解等的不同，而誤入歧途，並且毫不猶豫一直走下去，放棄了反思失敗帶來的價值。然而，在人類的漫長歷史中，也從不缺乏能點亮明燈、並帶領我們獲得智慧的人，而這些智者讓我們獲得更多知識的力量。

　　春秋戰國時期，有位著名的商人名叫白圭，《史記·貨殖列傳》和

漲聲股利
當眾人對股市的看法都一樣時，你就該落跑了

《漢書貨殖傳》中稱他為「天下言治生者祖」。他既是商業經營的鼻祖，也是商業經營的思想家。他十分重視研究生產經營的規律，注重經驗的累積，提出了許多有效的經商致富思維，並對後世商業經營的哲學理念產生了非常深遠的影響。那麼，白圭曾提出過哪些思想呢？

一、「樂觀時變」的原則

「樂觀時變」，即在經營活動中必須注重市場資訊，及時預測和掌握市場行情以決定經營時機，而市場行情的預測，又必須建立在豐富的知識和對生產經營規律的認識上，而不是憑主觀想像。白圭主要經營農產品，因此他從生產決定市場商品供應量的角度出發，研究農作物收成狀況與氣候之間的變化規律，再決定經營活動的取向和時機。他認為農作物收成的豐歉，是每三年一次小循環，每十二年一次大循環，因此農產品的供應量也會發生週期性的變化，從而他的經營活動也要進行週期性調整。我們從其言行中可以看出，一名真正的智者，除了掌握專業知識、善於累積經驗外，更要善於研究市場資訊，洞悉難以察覺的週期規律，才能準確推測市場變化，為做出正確決策奠定基礎。

在我們今天的投資活動中，同樣需要「樂觀時變」，需要從不同角度來研究市場忽隱忽現的規律，盡可能準確掌握市場變化趨勢。《易經》中的三原則為「變易、簡易、不易」，指的就是世間萬物會永無止境不停變化，且萬物的內在原理雖深奧複雜、讓人迷惑，卻總是遵

循一定的變化規律。事物的循環變化永不停息，故世間萬物唯一不變的就是變化本身了，因而市場參與者必須擁有把握變化的能力，跟隨投資的變化而進化自我，才能消除長期投資活動中經驗理論的不適應性。在人類活動中，對任何理論的盲目定義和肯定，都是阻礙人類思想前進的絆腳石。在探索任何領域時，堅持一條路走下去的人終將無法到達目的地；而正確的探索之路是寬闊的大道，這條大道包含無數條小路，包容和發散。

雖然預測市場的走向十分困難，但市場經常展現出一些既定、可預測的週期模式。從統計學的角度來看，股票投資在某些情況下表現的週期性趨勢非常強，任何投資者都不應該忽略，而本書將引導讀者從各種角度，觀察股市中隱含的週期性和循環模式。

二、「人棄我取，人取我予」的智慧

這與范蠡的「待乏」原則一致，即「夫歲熟取穀，予之絲漆；繭出取帛絮，予之食」。就是說在糧食收穫季節，農民急於出售糧食，供過於求，糧價下跌，就適時收購它，並出售絲漆；而在蠶繭出產的季節，絲物就會便宜，此時應當買進蠶繭和絲織物，並出售糧食，滿足農民所需。在青黃不接、農民需求糧食之時，拋售這些儲存的糧食，既可穩定蠶繭、絲帛的價格，又可獲大利。如此一來，客觀上調節了商品的供需和價格，對生產者和消費者都有利，這也是行「仁道」。

「人棄我取，人取我予」這一原則，至今仍為許多經營者遵奉，

漲聲股利
當眾人對股市的看法都一樣時，你就該落跑了

世界華人企業家，如船王包玉剛、房地產大王李嘉誠等人，都自稱是依靠這一經營原則而獲得成功。

白圭的經營之道，是在他豐富全面的知識基礎上總結出來，他的知識結構中既包括經濟學、農業學，也有兵家戰術，特別是他開歷史先河，將《孫子兵法》運用於經濟管理，更奠定了他「治生鼻祖」的地位。春秋末期的軍事家孫武提出了「人欲我予，人棄我取」，白圭將它運用於商業經營中，以「樂觀時變」為依據，在競爭中堅持此原則，在商業競爭中屢獲勝利。

這種經商思想，對近代實業家如盧作孚、陳嘉庚等都產生了深遠的影響。近代民族資本主義企業力量薄弱，如果在同外資企業競爭中「人取我也取」則必敗無疑，而他們採取了「人棄我取」的做法，如盧作孚辦航運，首先選擇川江。當時國際航運發展大多選擇打通海港再進江河的做法，而盧作孚卻選擇了先江河、後海港的方式，避開了與資金雄厚的大型航運公司正面競爭，並率先取得江河航運的發展機會。在面對外國輪船公司的資本優勢時，他統一了川江航運，將為數眾多的小公司聯合一致對外，體現了「人棄我取，人取我予」的經營哲學理念；陳嘉庚創業之初經營鳳梨罐頭廠，新加坡鳳梨的種植歷史悠久，但受自然環境的影響很大。陳嘉庚看到了機會，他在鳳梨行市走低時，大量收購廉價鳳梨製成罐頭產品，大大降低了鳳梨價格的波動，且穩定的收購價格也讓鳳梨種植者獲利。後來，陳嘉庚又以極低的價格購買了大片鳳梨種植園，並開始發展更有前景的橡膠種植業，

這為他日後成為新加坡的「橡膠大王」奠定了基礎。「人棄我取,人取我予」是對商業哲理的領悟,可見白圭的思想對後世影響頗為深遠。

「人棄我取,人取我予」是古人智慧的結晶,而今天真正能夠理解其中含義的投資者卻寥寥無幾。市場中普遍流行的價值投資理念,更傾向於投資業績優良、發展趨勢向好、前景明朗的公司,而丟棄那些面臨困境、業績下滑、股價處於低位,甚至有可能面臨被清算的公司,卻很少想到這些遇到危機、易被大眾忽視的公司,其內在價值也有可能被市場嚴重低估。本書將利用逆向投資策略,分析市場中存在的巨大潛在價值,並結合數據,追蹤和研究市場中的變化。

三、「智、勇、仁、強」的人才素養觀

一名優秀的經營者,僅有理論知識還不夠,因為他所面對的是競爭激烈的市場,他需要決策。怎樣才能做出科學的決策?又怎樣才能使自己的決策有效實施?白圭提出:「是故其智不足與權變,勇不足以決斷,仁不能以取予,強不能有所守,雖欲學吾術,終不告之矣。」所謂「智」就是「足以權變」,指經營者通權變,觀時變,能夠出奇制勝,善於把握市場變化趨勢,並能及時對市場資訊做出反應的智慧。市場資訊複雜多變,市場競爭又激烈,如果沒有理論、經驗的累積,就不具備正確判斷市場行情的素養,就不可能在競爭中取勝──智足才能權變。這與孟子[1]的權變思想及美國著名管理學家費德勒(Fred

---

1 理解為追求變通,將儒家原則靈活運用於變化莫測的現實。

漲聲股利
當眾人對股市的看法都一樣時，你就該落跑了

Fiedler）的權變[2]領導模型有異曲同工之處。

「智」在投資活動中也代表著技多不壓身。在投資市場中具有廣泛的知識累積非常重要，好的投資者並不只是學習專業理論，也要博古通今，運用多方面的知識提升自己的能力。本書將從多角度闡述投資活動，盡可能多讓投資者多角度了解投資活動中常被忽視的問題，更好將所學到的知識運用到投資中。

投資本身是一件有風險的事情。所謂「勇」，就是指經營者一旦瞄準了行情，就要當機立斷、果斷決策，並勇於承擔風險。對市場形勢的分析，有的時候是不全面或不完全正確的；但若等到完全看準行情，市場資訊可能已發生新的變化。所以要及時、大膽做出決策，否則就可能錯失謀利時機，是故「勇」就是「足以決斷」。一些投資者在遇到機會時瞻前顧後，優柔寡斷，以致錯過最佳時機，追悔莫及。因此，我們除了需要具備豐富的知識經驗，更需要良好的決策能力，才能適時把握市場中出現的機會，並克服心理障礙，當機立斷。本書將與讀者一起探討如何提高自身決策能力，真正把握市場中所能遇到的各種投資機遇。

「仁」是指在「取」、「予」上懂得「先予後取」、「予之為取」、「多予多取」的辯證關係。因為企業最終的目標在於獲取利潤，但若不給員工優厚的待遇，不給顧客優質、優價的商品，結果則是欲取不

---

[2] 該理論認為沒有普遍適用的領導方式，在不同的情況下，不同的領導行為會有不同的效果。

能,甚至被競爭對手奪取,是故「仁」方能取予。雖然在股票投資市場上,承擔風險是自願的行為,但人們更希望尋找那些誠信、自律,並能夠切實將股東利益放在正確位置上的企業。只有這樣的企業及管理者,才能夠帶領所有為企業貢獻一己之力的投資者走出各種困境,穩定走向繁榮;而那些不具備「仁」性的公司或管理者,最終會被理智的投資者所拋棄,這也是政府提出「保護投資者」的核心所在。

所謂「強」,是指對已經做出決策的投資活動,要有堅強的意志和毅力。投資是一件艱苦的事情,由於各種因素的影響,它會出現波折、反覆甚至使自己陷入困境。在這種情況下,若錯誤放棄,就會使自己所有的努力付諸流水,造成遺憾。「強」才「有所守」,如果我們把「勇」看成把握時機快速決策,那麼「強」就是對我們決策目標的堅持。控制欲望、嚴以律己、培養信心,才能強化自身的心態,並改善可能會導致不良結果的投資習慣,成為優良的投資家。

四、崇尚勤儉的思想

白圭雖然是當時天下首富,但他「能薄飲食,忍嗜欲,節衣服」,是當時一般商人所不及。節約的真諦,在於把資源用在最需要的地方,從經濟學的角度來說,在這種情況下資源能夠發揮其最大的價值。浪費就是把資源用在並不需要的地方,資源本身的價值並沒有得到實現。勤儉不僅是一種美德、一種健康的精神,更是人生之品行、不卑不亢之態度。勤儉能讓我們律己,並克制欲望,杜絕浮躁的非理性生活習

漲聲股利
當眾人對股市的看法都一樣時，你就該落跑了

慣，達到修身養性的狀態，是我們需要修練的至高境界。勤儉能夠讓我們保持積極進取的態度，讓我們專心做真正有價值的事情，能將投資從點滴做起，使財富的利用價值大大提升，「是故雖日計之不足，而歲計之有餘」，財富終將積土成山、積水為海。許多大投資家、大資本家曾經也是普通人，但除了他們的智慧和膽識之外，勤儉的人生態度也是他們走向成功的必然原因。

如今的經濟活動及金融領域紛繁複雜，很容易迷惑我們，影響我們的正確抉擇。本書將透過對白圭理論的解讀，利用逆向思維並結合市場上普遍存在的「平均數復歸」理念，大道至簡去除雜亂無章的市場表象，並探究根本原因，結合檢驗數據、列舉實例，立足於實務導向，以學術及實務方式研究投資市場，帶領讀者一起探討影響投資市場的深層原理，尋找市場中普遍觀點對投資機會的影響，並以此來展現逆向投資策略的特性，從而讓大家看到投資世界中被人們忽略的真正的投資機會。

筆者

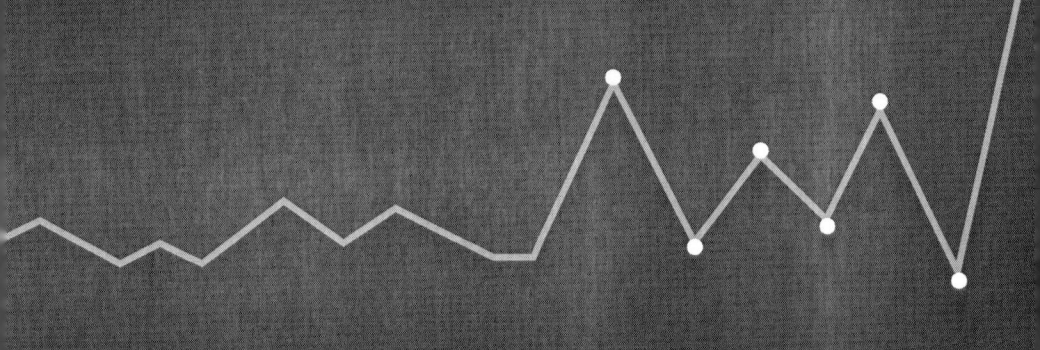

第一章 「樂觀時變」
——看清市場中的變化

漲聲股利
當眾人對股市的看法都一樣時，你就該落跑了

一、關注萬物皆有的週期性

世間萬物均有其週期性規律，小到生老病死，大到宇宙中萬物的循環往復，週期性運動是一切事物發展變化的一般性規律。《道德經》中曾說：「天道無親，常與善人。」意思是大自然對於世間萬物都沒有親疏，只是按照特有的規律運行，沒有目的性也沒有功利性。地殼運動會帶來風險，但由於我們尚未完全掌握它運動變化的規律，就無法充分防範。隨著人類科技不斷進步，人們會更深入、掌握，甚至利用自然規律使這些災難轉化成益處，終得到「常與善人」的恩賜。

投資市場中同樣存在著規律性的變化，只不過這些規律與週期變化更加隱蔽、難以辨別，下文我們就從各個角度來探尋投資市場中的週期現象。

1. 市場中普遍存在著週期性

投資市場中存在週期性的運行規律，只是不同事物的週期表現形式不相同。大眾常常參與投資的債券市場與股票市場，因其功能不同，經常會表現為蹺蹺板關係的週期性規律。即使在全球經濟一體化的今天，也沒有哪個國家的股票市場會呈現出週期性規律一致的現象，需要慧眼識別。

第一章 「樂觀時變」——看清市場中的變化
一、關注萬物皆有的週期性

2. 有人參與便有週期性，人類行為存在著情緒化週期

股市投資中隨處可見大眾的情緒化痕跡，而最大的情緒化週期，莫過於市場在大級別牛市尾聲時的一致性看好，及漫漫熊途即將結束迎來黎明之前對市場的恐懼和遠離。事實證明，人類始終會被投機市場帶來的金錢利益吸引，並在遇到災難時感到恐慌絕望，對此我深知其中道理：當遇到市場絕望時期不必擔心，因為未來人們會再次衝進狂熱的市場中。

任何與市場有一定聯繫的社會性事務、新聞報導、外交關係等，都會引起投資大眾的情緒變動，例如新聞報導對某些事件過度關注時，市場中相關投資標的的波動就會增加。這些從長期來看不會影響市場的事情，在短期內卻會左右大眾的投資情緒。投資市場看起來更像是生物基因，永遠處於無序節律調整中的穩態。

3. 當別人忘記週期性時，最大的機會就會到來

當人們心理認知發生變化，認為週期將會改變，而目前的趨勢將持續下去時，往往是最危險的時期。當市場上演極端行情時，周圍處處會充斥著「這次跟以前不同」的聲音，人們就像得了健忘症一樣忘記了曾經的傷痛，這通常很危險。此時我們除了保持高度的警惕性，更需要認清市場的本來面目——少數人終會賺取大多數人的利益。

理智永遠不可丟下，我們要善於利用市場中其他人的錯誤，為自己贏得機遇。

漲聲股利
當眾人對股市的看法都一樣時，你就該落跑了

2015年5月，股票市場一片繁榮，各種針對市場的利好消息滿天飛，民間的借貸資金充裕，導致大量熱錢持續進入股票市場，並形成了大量的投資槓桿，泡沫迅速變大。

我們都知道，高度負債的市場十分危險，尤其是當市場中經驗不足、或因高度槓桿投機，而失去耐心的人數量大增時，這些短視的投機者隨時都會逃掉，導致市場穩定性降低。

在每個角落——地鐵上、街邊的咖啡店裡，甚至在菜市場，都能聽到人們興高采烈談論股票，馬路上匆匆而過的人們也在隨時翻看手機中的股票行情。我意識到巨大的潛在風險正在逼近，於是清空了自己所有股票，靜下心成立了現在的公司，朝著成為專業投資者又邁進了一步。

2015年6月，我曾約見一位職業投資者，他進入股票市場已經有十幾年了，地方電視台有為他專門開設的股票評論欄目。他對股票的痴迷已經到了很深的程度，甚至聲稱用他自己設計的某個神祕指標，能夠預測股票指數將會達到某個具體點位，並對我在近期將自己所有的股票清倉感到惋惜，儘管我極力向他表述，自己認為目前市場處於極端危險的邊緣。

儘管如此，我們仍然成了朋友。我也明白在這次見面之前，他的確曾依靠大量的槓桿資金取得碩果，他是那種完全依靠自己的交易能力從無到有、逐漸走到今天的人，但我對他頻頻利用大量槓桿資金投機股票感到不安。離別前，為了向我表明他對這個市場的信心，他還

第一章 「樂觀時變」——看清市場中的變化
一、關注萬物皆有的週期性

祕密讓我看了他的股票帳戶，我可以證實他當時的本金加上槓桿資金購買的股票組合價值有好幾億。由於我們對目前市場風險預估的嚴重分歧，我與他打賭，約定在同年的 七月份見分曉。

此後不久，股市的災難突然發生，毫無預兆又似早已預料。很明顯我贏了，但是他並不承認狂熱的投機遊戲已經結束，依然認為這與曾經市場的崩潰並不相同，目前這些下跌只是正常調整而已。但這真的只是普通的調整嗎？我無法認可他的看法。

由於我依然無法說服他拋售掉手中股票，避開這種由槓桿效應導致的市場瘋狂上漲、與管理階級去槓桿防風險導致的市場下跌中所隱藏的極端風險，我們又延長了賭期。

在接下來的日子裡，市場崩潰愈演愈烈，先前對投機的狂熱，已經完全轉變為瘋狂下跌後的瘋狂拋售。那時的股票市場就像一台碎紙機，碾碎那些還在市場內希望分到一杯羹、或者希望起碼能保留住本金的投機者的財富與幻想。而我依然遠離這個狂躁的市場，也從沒幻想過從其中的反彈中賺取一丁點利潤，因為我能隱約感到，這個泡沫的破裂可能才剛剛拉開帷幕。

對趨勢的正確預見讓我欣慰，我甚至主動撥通那位曾經和我立下「賭局」的朋友的電話，希望親耳聽到他認同我的正確看法；但當我聽到他因為無法為大比例借貸資金追加保證金，而面臨平倉並將失去所有錢時，我對自己之前的想法感到無比慚愧，畢竟這個朋友沉浮股海多年，憑藉自己的能力創造出來的這一切，如今卻又毀在了自己的

漲聲股利
當眾人對股市的看法都一樣時，你就該落跑了

手中。這也讓我想起了股市中那句老生常談：「當有人向你預測具體股票的點位時，他肯定錯了。」如今這個令人嘆息的結局，正是因為他在狂熱高漲的市場中，忘記了投資市場中興衰交替的自然規律。

作為市場的參與者，我們必須長期觀察市場發展，細心把握市場脈搏，感受市場的呼吸節奏，必要時還要敢於在毫無希望時參與，只有緊貼這個市場，才能更深刻感受到它的細微變化。春江水暖鴨先知，當市場開始逐漸向好時，你便會比別人更早感受到水溫的變化，也更容易做好迎接市場春天的準備。如果不能冷靜觀察甚至忽視這個市場規律，將會帶來很大的麻煩。

記得 2013 年上半年，經歷了漫長的熊市、股票指數屢創新低之後，市場逐漸溫和。某日，我和多年未見的好友閒聊，他是一位熱衷於股票投資但卻說不上專業的人，他大部分的投資決策就像跳舞時踩錯節奏一樣，頻繁失誤，這讓他對處於熊市的這個市場產生了嚴重的抵觸情緒，並早已徹底不關心股票。我認為他之前的投資計劃與行為，也許是受到了大眾行為和市場情緒的干擾，且投資理念也存在一定的問題。當我向他表示目前的策略應該是積極參與這個市場時，卻被他激烈拒絕了。我震驚於他當時激烈的反應，也強硬對他說：「除非你真能永遠放棄這個市場，如果你現在不參與，又如何能保證當未來市場再度火熱時你也不會參與？」我深知當這個市場瘋狂時永遠不會缺少失去理智的人，人們無法抗拒金錢的誘惑，強大的誘惑力甚至會像惡魔扎根心中無法擺脫，將對物欲世界中的人帶來無法言喻的災難。

第一章 「樂觀時變」——看清市場中的變化
一、關注萬物皆有的週期性

幾年之後,當我再次見到這位朋友時,得知他又一次以投資慘敗收場。

當我們忘記市場中永遠存在不滅的週期性時,最大的災難與機會便會到來。同時,要知道我們認同的觀點只是我們的舒適圈而已,我們更應該探究自己所不認同的觀念。

漲聲股利
當眾人對股市的看法都一樣時，你就該落跑了

二、逾越週期性的大趨勢

　　市場的發展趨勢，本質是人類社會經濟發展的反射。「長期」代表沒有明確期限的趨向性表現；週期是指大致有時間規律的期間和價格波動的區間。人性中恐慌、貪婪、短視並喜愛隨波逐流等弱點，使金融市場充滿了投機性及短期的隨意性，但嚴格來說，長期趨勢代表長時間被社會認可、具有明顯追逐意義，並能促進人類社會發展的趨勢。因此，我們需要確立股市對人類社會發展的重要意義，這些都將是造成股市長期趨勢的基本條件。

1. 易學難成的投資市場領域，專業性實踐將成為趨勢

　　唐宋八大家之一的韓愈在〈師說〉中提出「聞道有先後，術業有專攻」，意思是所聽到的道理有先有後，技能學術各有研究方向。我們不可能對所有領域都涉獵，總有擅長的和不擅長的領域。

　　專業領域的分工，遠比各自為政、孤立生產要好得多。就像生產一輛汽車，由德國提供引擎、美國提供車框架、泰國提供輪胎、日本提供保險桿、韓國提供車燈，最後在中國組裝加工，從中利用不同的優勢互補，從而生產出性價比高、品質優良的汽車。

　　下面讓我們來看看股票投資領域是怎樣「易學難成」。

　　熟悉投資市場的投資者都清楚，大眾投資股票相對於投資商品，具有門檻低、流動性佳、交易方便等特點。我們正在經歷全民炒股的

第一章 「樂觀時變」——看清市場中的變化
二、逾越週期性的大趨勢

時代,大眾參與的熱情較高,但即使市場經歷數次的火熱行情,大眾投資者的收益卻似乎永遠擺脫不掉「一賺兩平七虧損」的魔咒。那麼市場中的機構投資者是否會做得更好呢?答案是否定的。

曾有研究數據顯示,在交易市場中,絕大多數機構投資者與大眾投資者有同樣的表現,狂熱追求那些熱門高價股票,並拋售令人恐懼的冷門低價股票,這使他們常常保持著買高賣低的不良投資記錄,這些機構投資者甚至會在毫無風險意識的情況下,將某類產業股票熱捧至超高價格,從而造成該產業股票出現極大的泡沫。這些機構專業投資者掌握著大量資金,卻常常糾結於每個月或每個季度的排名高低,他們的操控人有的甚至幾乎不具備股票投資的實踐經驗。在1980年代的美國投資市場中,專業投資機構的團隊中,曾經充斥著一部分沒有投資經驗的學院派投資管理人,他們操控著大量的市場資金,頻繁製造各種資產泡沫,最終為那些曾經相信他們的投資者造成了無法挽回的巨大損失。當時的美國市場,已變成純粹靠投機取樂的「賭場」,這些毫無經驗的經濟學投機者根本不會成為優秀的投資者,他們注重理論,卻忽略了理論之外更重要的實踐經驗。

如今,越來越多的國際知名投資公司都會對「理論型」的專業人才保持謹慎的選擇態度,資本市場的穩定發展和成熟,除了依託合理的政策,也需要實踐經驗豐富和道德規範的管理者。

漲聲股利
當眾人對股市的看法都一樣時，你就該落跑了

2. 市場的發展是資金集中化的過程

任何國家資本市場的成長歷程，都是資金逐漸集中的過程。

從朱明忠等人的著作中可以看到，以美國為例，美國三大證券交易所個體散戶，日均成交量僅占總體成交量的11%；其中超過1萬股的大單中，90%是在機構與機構投資者之間進行。

據統計，自1945年以來，美股散戶投資者由占市場95%的比重，降至現在的10%，而市場中機構投資金額則由不到10億美元成長至目前的近10兆美元，有60%的家庭投資於基金，基金資產占所有家庭資產的40%左右。

以已開發國家股票市場歷史經驗為依據分析，隨著投資市場專業投資者的數量逐漸增加，資金結構變得愈加集中，更易奠定股票市場長期穩定繁榮的基礎。與已開發國家資本市場機構投資者相比，其他國家的大型資金管理者有可能存在缺乏嚴謹管理、缺乏市場實踐經驗、缺乏理性、行為短視等問題，而這些不足都將在市場制度逐步完善之後，由市場緩慢調整並自然淘汰。提高大型資金管理者的素養，將大大促進市場長期繁榮穩定。

3. 股市——經濟發展離不開的市場

股市的形成能夠積聚和集中社會的閒散資金，擴大生產建設規模，為國家經濟建設發展提供動力，推動經濟發展並收到「利用內資不借內債」的效果。

第一章 「樂觀時變」——看清市場中的變化
二、逾越週期性的大趨勢

　　股市的發展可以促進經濟體制改革,特別是股份制改革的深化發展,有利於理順產權關係,使政府和企業各就其位,各司其職,各用其權,各得其利。

　　放眼股市的未來,它可以拓寬利用外資的管道和方式,增強對外國資本的吸納能力,有利於更好利用外資並提高經濟效益。

　　股市對於社會經濟和各行各業的發展發揮了重要作用,它促進了社會性融資,這種規模是銀行貸款所無法比擬。世界上所有產業之所以能快速成長、繁榮、成熟,都拜股票市場所賜。

　　監管機構常常會在極度低迷的市場環境下,制定積極拓展市場的政策,而在市場牛市高漲期規範監管的力度逐漸提高,這種調節市場的抗循環政策,對穩定整體市場有很好的協調性,而對市場的規範監管及制度的逐步完善,將會引導市場穩定向前。

　　世界上的任何市場從不成熟到成熟的發展過程,都將伴隨巨大的資本提升,我們應該在市場尚未完全成熟之際積極參與其中,以待在未來市場逐步完善的過程中獲得超額的報酬。

漲聲股利
當眾人對股市的看法都一樣時，你就該落跑了

三、隱藏在市場中的週期

　　不同的市場狀況，意味著不同的風險及收益，了解每個階段中市場的表現很重要。我們需要辨別市場中不同階段的狀況，如果沒有行情上漲，就無法造就成功的投資者。在股市中，任何人的獲利均來自牛市行情，即使股票市場從長期來看繁榮向好，如果不了解並掌握其中的週期規律，依舊難以獲得好收益，那麼如何準確判斷牛市的來臨、如何防範「假牛市」帶來的迷惑性，就變得非常重要。

　　人的生命與市場的長期趨勢相比要短得多，例如中國自從滬深股票市場成立以來，共經歷了三次大週期（牛—熊）市場轉換，分別為59個月、116個月和143個月（此週期仍未完全形成）。在如此長的週期中把握市場的機會非常不易，所以我們應注重培養分辨週期性牛市和熊市的能力，辨別長期趨勢中所含次級週期和中期性上漲及下跌。

1. 貨幣週期

　　了解信貸週期能幫助我們盡可能了解市場的走向。簡單來說，就是這個市場是否缺錢，因為資金供需關係才是始終影響股票市場的基本要素。按照貨幣政策與投資市場的聯動關係，我們大致可以看到貨幣週期對市場的影響，能分為以下幾個階段：

　　第一階段，當經濟處於衰退期時，央行開始降低利率刺激經濟。

　　此時財政政策的寬鬆，並不會造成股票市場的積極反應。之前市

第一章 「樂觀時變」——看清市場中的變化
三、隱藏在市場中的週期

場的持續低迷造成了大眾信心普遍不足,但不必擔心,資金傳到股市中需要一段時間,這時的股市通常處於黎明前的黑暗時期,此時債券市場經常表現為持續向好的牛市。

第二階段,由於財政政策持續寬鬆,大量資金已經進入股票市場,並具有了流動性,此時的股票市場開始慢慢走出谷底,並逐漸恢復市場信心,但實體經濟依舊表現平平,資金並未傳至實體經濟。與此同時,債券市場的吸引力開始逐漸下降。

第三階段,由於資金的持續湧入,提高了股票的價格,市場信心增加,又吸引了更多的資金進入股票市場,從而造就了繁榮的牛市。股票價格的上漲,還使企業擁有了大量可用資本,此階段企業之間的併購、重組、收購成了家常便飯,同時也促進了社會經濟的快速發展,出現欣欣向榮的景象。

第四階段,股票市場超高的投資報酬率,加劇了資金泛濫和泡沫增大,最終提高了通貨膨脹的壓力。政府開始調高銀行利率、緊縮信貸,並制定緊縮的貨幣政策來抑制通膨壓力,而此時的股票市場依舊迭創新高,似乎未受到任何影響,因此中央銀行在政策上也會透過不斷提高貨幣緊縮的力度,控制過度投機,這一階段也正是股票市場風險大幅積聚的階段。

第五階段,收緊的貨幣政策造成的資金緊張,終於開始傳至股票市場,加劇了市場波動。各種股票的價格變得更加不穩定,股票價格的快速下跌,更加劇了資金逃離,熊市就此出現了。

漲聲股利
當眾人對股市的看法都一樣時，你就該落跑了

在漫長的熊市中，企業因為股票價格的大幅下跌，而變得資金緊張，最終導致股票市場持續低迷。同時，長期發生這種情況，將會導致公司因資金緊張而爆出各種[3]「黑天鵝事件」，並引起消極的連鎖反應，最後導致社會經濟形成規律、不斷向下的螺旋結構。

社會經濟持續中長期低迷，終會使得財政政策再次轉變為積極寬鬆的狀態，新一輪經濟週期就這樣拉開了序幕。

貨幣週期是經濟週期性中一個重要的因素。一般來說，過度的外債和外生經濟變量衝擊，是導致經濟發生週期性變化的根本原因，而財政政策導致的資金週期，是經濟週期的重要導體。

資金週期是造成市場週期的重要因素，由於政府通常對財政政策實行抗循環調節，這無疑對我們分析市場週期的形成創造了有利的條件。

了解資金週期及其對投資市場和實體經濟造成的普遍影響後，再結合各個領域的不同情況，就能夠大致客觀分析出市場中趨勢變化的預警訊號，理解宏觀的貨幣經濟週期，並認清個體市場狀況，這是每個市場投資實踐者必須掌握的基本能力。

---

3 指非常難以預測且不尋常的事件，通常會引起市場連鎖負面反應。如在每輪熊市中，一些公司會出現股票質押行為，由於熊市的進一步發展，這些公司將面臨強行平倉帶來的風險。

第一章 「樂觀時變」——看清市場中的變化
三、隱藏在市場中的週期

2. 時間週期

在股票市場上有「七年造一牛市」的說法，這種說法不無道理，只是這些週期會因為市場環境的不同而有所差異，單從時間上我們依然無法具體識別這一現象。我們還會常常感慨「選時比選股更重要」，即使在牛市中，股票上漲依然有時間順序。如每次新一輪大牛市到來之前，中小盤科技新創企業的股票更容易首先獲得上漲動力；之後，依次表現為成長股、概念股、大盤績優股等，這些在時間上都有著依次循環的規律。但我們不可以把時間週期這單一因素，作為市場價格漲落的基礎，更應該把經濟週期、產業週期等因素考慮在內，並作為分析週期的手段。

3. 產業週期

不同的公司在社會中有不同的產業分工，每個公司所處的產業興衰週期不同，每個階段中的表現也不同，但所有的產業又同時受社會資金流動性的影響。

一般情況下，一間公司在上市初期，往往處於產業興旺、盈利能力強大的時期。此時我們從財務報表上可以看出，無論是公司淨利潤還是銷售現金流，甚至是突飛猛進的每股收益，都讓我們激動不已。當這個產業慢慢趨於穩定，更多的公司進入這個產業，會導致激烈競爭，產業的份額也漸漸被瓜分，市場對公司產品的依賴程度開始降低，也因此影響了公司的利益。再往後發展，當產業達到飽和時，眾家公

漲聲股利
當眾人對股市的看法都一樣時，你就該落跑了

司為了生存而爭奪市場，甚至在產業內出現惡性競爭，此時原本為公司創造最多價值的產品的利潤也變得微乎其微，公司失去競爭力，那麼這個公司就已經處於衰退期了。

通常在整個產業衰退期間，產業內每間公司的資金面也都很緊張。這個階段中，優秀的公司管理階級會積極進行技術改造、產品升級等，並制定新的管理策略來適應目前的市場，迎接下一個產業成長階段；而那些未能積極主動尋求到正確辦法對付產業衰退期的公司，就會被淘汰。

企業的發展都是「進三退二」，在成長時發展壯大，而在衰退時面臨被淘汰的風險。這是每一個參與競爭的企業都會遇到的情況，只是不同的產業興衰情況不同，擁有不同競爭力的公司，所經歷的過程也不相同，但由於政府對經濟的調節，所有產業的興衰過程大體上會趨於一致，我們需要做的是在衰退期挑選正確的股票，而在市場流行的時候拋售。

市場中週期興衰最為明顯的產業為鋼鐵、煤炭、機械製造、船舶等，甚至僅從財務報表上，就能看出這些產業的週期交替性。著名的投資大師彼得‧林區曾經說過：[4]「週期性產業的股票要在本益比高時買進，而在本益比低時賣出。」對週期性產業興衰的另一面做出很好的詮釋。

4　產業週期性強的股票，每股收益相對股價的變化更大，故在股價波動較小的基礎上，每股收益受週期下行影響大幅下降後，本益比大幅提高；而在每股收益受週期上行影響增加時，同樣的因素導致本益比大幅降低。

第一章 「樂觀時變」——看清市場中的變化
三、隱藏在市場中的週期

4. 流動性週期

股票市場中的流動性，是由市場中交易者們是否願意參加更多次數、和更多數量的交易所決定。有意思的是，在這其中我們也能看到明顯存在著的規律：一般在股票市場行情高漲時，交易市場內充滿了愉悅的氣氛，每位交易者都希望能夠依靠上漲的行情多分到一杯羹，市場中大膽的短期交易者也變得更多，此時的市場交易量也屢創新高，這時流動性變得很強，這種情況與賭場有很大區別。

在賭場內，流動性很少改變，賭場裡有很多固定客戶，而身在場外的人也不會在某一時段突然湧入賭場，賭場每日或每週的流動性基本上常年保持一致，很少出現大波動。而在股票交易場內情況則不同，當活躍的市場出現轉變時，那些以短期投機為目的的人會瘋狂拋售股票，導致價格波動提高，而股票價格的突然下跌，又導致眾多短線投機者不願接受損失，使他們逐漸成為長期被動持有者。在漫長的熊市過程中，短期投機者長期被動持有的股票數量越來越多，由於市場低迷期的延長，短期投機者對市場的信心逐漸消磨殆盡，直至某天由於市場上傳來的某個消息、或發生的事件，讓他們不計成本恐慌大量拋售，而此時的股票長期持有者將成為對市場有信心的投資者，之後市場中可交易的股票數量逐漸減少，使這個時期內市場流動性變弱。最終市場轉暖時，可交易股票數量的稀缺，將會讓股票的價格大幅上升，使股票變得炙手可熱，市場中的這種供需關係才是影響股票價格最重要因素。

漲聲股利
當眾人對股市的看法都一樣時,你就該落跑了

在股票市場中會常常出現這樣的流動性週期,現在我們可以從更多角度來掌握市場規律,即在市場流動性強時保持謹慎,而在市場流動性弱時大膽一些。

第一章 「樂觀時變」——看清市場中的變化
四、分辨大週期中的次級週期

四、分辨大週期中的次級週期

　　社會經濟與股市的發展方向始終保持一致，但又無法同步。著名投資家安德烈·科斯托蘭尼曾說過：「這更像一個人帶著他的小狗在散步，狗總是一下在前一下在後，但始終不會離主人太遠，且他們都是朝著同一個方向前進。當主人走了一段距離後，小狗卻跑來跑去，走了更長的路，這個主人就是經濟，而小狗則是股市。」

　　從長期情況看來，經濟和股市都是朝著相同方向發展，但在發展過程中，兩者有時也會相悖。我們需要在大趨勢中找到那些次級週期規律，並盡量加以利用。

　　以中國的滬深市場為例，參照圖 1-1 深證指數、圖 1-2 上證指數，從滬深市場誕生至今，市場可分為三個大牛熊週期，其中在每個大週期中又包含了三個次級週期。但從總體情況上看，市場三大週期階段的底部逐步抬高，表明中國的市場一直處在長期大型牛市的趨勢中。我們從圖 1-1 中三大週期的時間觀察：1991 年 4 月至 1996 年 3 月為第一週期；1996 年 3 月至 2005 年 11 月為第二週期；2005 年 11 月至今為第三週期（未完）。為了方便辨認，圖中的粗框標示了有史以來的三大牛熊週期，細框則標示了次級週期中的熊市小週期。

漲聲股利
當眾人對股市的看法都一樣時,你就該落跑了

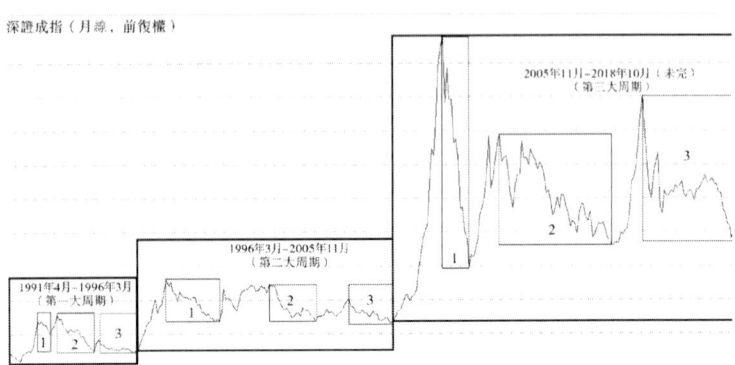

圖 1-1 深證成指 (月線)

(黑色粗框為牛熊大週期;黑色細框為包含在牛熊大週期內的熊市小週期)

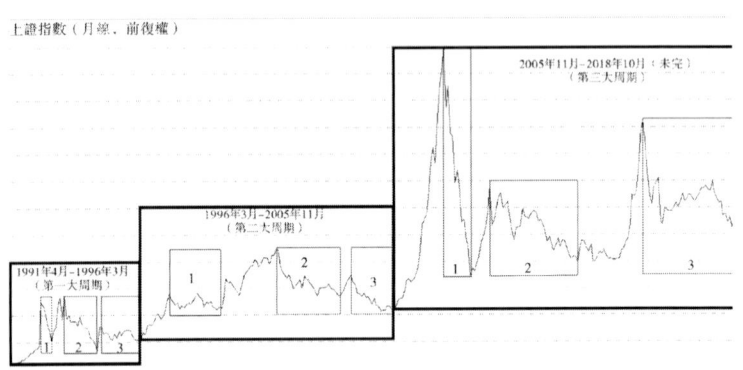

圖 1-2 上證指數 (月線)

(黑色粗框為牛熊大週期;黑色細框為包含在牛熊大週期內的熊市小週期)

第一章 「樂觀時變」——看清市場中的變化
四、分辨大週期中的次級週期

分析大週期及次級週期可以看到，中國現在所處的週期，正是第三大週期中的第三熊市小週期，是最後一個熊市階段。分析表明，每個大週期中的最後一個次級熊市結束，意味著即將走進下一個大週期中，第一個次級牛市週期階段，這常常也是最為繁榮的一波牛市行情。同時也意味著每個大週期的最後一個次級熊市階段，往往是下跌時間最為漫長、難以忍耐的時期，市場上常稱之為「黎明前的黑暗」。

1. 大週期現象對次級週期的影響

從圖 1-1 和圖 1-2 中我們可以看到，與牛市相比，熊市具有低迷時間長的特點，讓我們看看大週期牛熊市對小週期牛熊市的影響：

大週期牛市既包含了短而弱的小週期熊市，又包含了長而強勁的小週期牛市；而大週期熊市則包含了短而強勁的小週期牛市和長而衰弱的小週期熊市。由此可見，小週期受大週期總體趨勢的強烈影響，形成助漲助跌的力量，大週期的趨勢加強了小週期趨勢的勁道，兩者互相影響。

2. 認識並利用次級週期

了解自己目前所處週期的階段，並認清長期週期中的次級週期規律，對我們的投資有著四兩撥千斤的作用。在大週期的牛市中，我們需要集中火力並加強耐心，持久大膽參與其中的次級週期牛市，並在次級週期熊市來臨時，謹慎合理規避，還要在底部到來之時保持信心，

漲聲股利
當眾人對股市的看法都一樣時,你就該落跑了

消除恐懼,敢於先人一步,從而獲取更大的利潤。

第一章　「樂觀時變」——看清市場中的變化
五、簡單但始終有效的方法

五、簡單但始終有效的方法

愛因斯坦曾說過：「真理是簡單的，但又不能過分簡單。」我們認為在市場中不存在永遠有效的真理，卻能在市場中紛繁複雜的資訊背後發現一些簡單有效的方法，但這些方法往往被大眾所忽略，故我們需要認識並發現其中的特點。

1. 利用指數辨別牛熊轉折

基於對大量數據的分析，以中國的滬深 300 指數作為衡量標的：50 天內漲幅達到 30％時，可判斷為上漲行情開始；50 天內跌幅達到 25％時，可判斷即將要出現調整行情。利用這種方式我們可判斷市場趨勢，甚至透過數據測算投資滬深 300 指數其中的成分股[5]，獲得超常的收益。然而這只是分析數據得到的結果，並不代表實際投資能夠達到這種水準，因為我們還需要考慮其他因素，比如如何做到完全平均投資該指數等。

圖 1-3 表明，基於中國滬深 300 指數，在 50 日內上漲或下跌的幅度買賣，市場漲幅累計為 342％，超越了同時期滬深 300 指數的 200％。

5　成分股是指能夠反應一個特定股市變動趨勢的代表性上市公司的股份。

漲聲股利
當眾人對股市的看法都一樣時，你就該落跑了

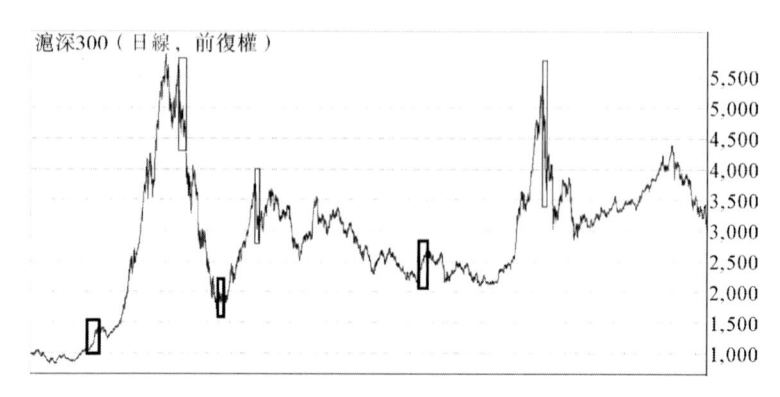

圖 1-3 滬深 300 指數（日線）（2005 年 1 月 04 日—2018 年 10 月 31 日）

（黑色粗框代表 50 天內漲幅達到 30%的區域；黑色細框代表 50 天內跌幅達到 25%的區域）

2. 市場規律常與「三」有關

我們分析投資時，可以發現在市場走勢中常常充斥著與「三」有關的規律。一個完整的上升經常會被分為三波主升浪；一個下降的完成也常分為三個階段（下跌—震盪—再次下跌）；牛熊行情中的調整，通常表現為形態結構相似的三個調整結構。不只是中國滬深股票市場中，常出現與「三」有關的規律性結構，圖 1-4 美股道瓊指數也反應了這個規律，且這個規律經常出現在大級別行情之前。認識到這個簡單的規律，對把握其中階段性機會來說也很重要。

第一章 「樂觀時變」——看清市場中的變化
五、簡單但始終有效的方法

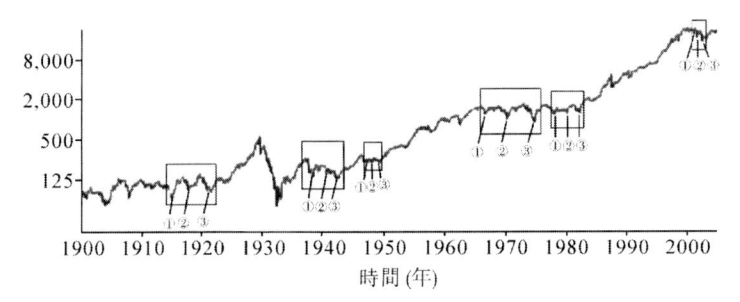

圖 1-4 美國道瓊工業指數走勢（1900—2000 年）

（圖中黑色框分別為道瓊工業指數三次階段性調整狀態）

漲聲股利
當眾人對股市的看法都一樣時，你就該落跑了

六、看準時機：市場發生變化的背景

市場中的牛熊交替、週期起伏就像身體生病又痊愈的過程，病來如山倒，病去如抽絲，危機總是突然爆發，而恢復過程卻常常很緩慢。牛市從來不會毫無徵兆結束，導致牛市突然終結的原因，是長期累積的風險因素。之後市場的修復也通常節奏緩慢、反覆波動，而在下一個牛市形成的過程中，各種致病因素再次逐漸累積，直到又一次病痛來襲，循環往復。

現實中風險並不是一開始就有，而是戴著友善的面具潛伏在我們身邊，所以需要仔細觀察，防患於未然。

1. 和平穩定的環境催生繁榮的市場

戰爭與和平，是影響股市的重要因素——時局越緊，投資者就越不敢投資股票；反之則反是，只有在和平時期，國家才會投入更多的精力發展經濟，因為人們總是在追求更高的生活水準。

國家政治、軍事的長期和平穩定，能夠造就大週期性牛市；而國家政治、軍事的不穩定會造成週期性熊市。例如美國的股票市場，在1914—1918年的第一次世界大戰中、1939—1945年的第二次世界大戰中，以及1955—1975年的越南戰爭中，都出現了劇烈波動。

即使在和平時期，某些因素也會影響經濟發展，比如稅收政策或財政政策的調整等。我們會發現：當出現較為強勁的通貨膨脹時，中

第一章 「樂觀時變」──看清市場中的變化
六、看準時機：市場發生變化的背景

央機構通常會主動制定緩和的通貨緊縮政策，抑制通貨膨脹加劇，這些調整有時是必要的，但的確會降低人們生產活動的積極性，減少財富創造，造成阻礙。

2. 人類社會的技術進步造就繁榮市場

十九世紀末，美國鐵路交通大力發展，帶動了商業、貿易領域的繁榮，股票市場也開始欣欣向榮。科學技術的發展和人類社會活動的改變都會產生週期性牛市。例如二十世紀末，網路的強勁發展造就了令人矚目的牛市行情，但大眾對於網路改變世界的想法卻使這個泡沫破滅；二十一世紀初期，寬鬆的貨幣政策導致房地產價格大幅上升，致使資源型產業出現泡沫，並最終因美國的次貸危機而破滅。社會的進步和科學技術的發展，造就了股票市場大週期性的牛市繁榮，並且得到了大眾一致認可，但大眾因此盲目產生的憧憬與幻想，往往也是終結大週期牛市繁榮的重要原因。

大型牛市的產生，勢必伴隨科技的急速發展或社會資本的大幅轉移，甚至是社會動盪與和平局勢轉換。在積極面對這些重大變化的同時，要持續觀察明顯發生變化的因素，在保持樂觀的同時提高警惕，這對股市下一個繁榮或衰退期的到來，有重要的預判作用。

3. 財政政策的轉變是影響市場的主要因素

股票的漲跌，最終受股票市場供需關係的影響，而社會資金的增

漲聲股利
當眾人對股市的看法都一樣時，你就該落跑了

減，又是影響股票供需關係的主要因素。政府的財政政策，通常是為了調節經濟或扶持某些產業而制定，政策將資金注入某一產業的實體經濟後，產業內企業逐漸發展壯大，這個過程所產生的影響勢必會傳至股票市場，影響整個產業的股票價格。反過來說，寬鬆的貨幣政策導致的大牛市帶動了股票價格，讓企業擁有更多可支配資金，企業也會更具市場競爭力，同時也會帶動其他企業壯大，社會經濟也將成長。如果資金充裕，即使那些已經處於衰退產業的企業，也會在競爭力或財力方面表現良好；如果資金不足，即使處於快速發展中的產業也會表現平平。

關注財政政策的關鍵，在於正確理解財政政策的趨向，並耐心等待市場趨勢的變化。因為從調動資金到資金發揮作用需要時間，也許是半年，也許是一年，但最終會產生影響。

七、通貨膨脹對股市的影響

1. 通貨膨脹與股市的關係

通貨膨脹對市場造成的影響基本表現為：急遽下跌的 CPI（消費者物價指數，Consumer Price Index，簡稱 CPI），對股票市場有著破壞性的影響；處在溫和上漲期及平穩期的通貨膨脹，能夠促進股票市場繁榮向好。這些變化尤其會對週期性產業產生正面影響。事實上，當出現通貨膨脹時，政府會積極放出緩和的通貨緊縮貨幣政策，控制通貨膨脹；而在出現經濟緊縮時，政府又會採取降低銀行利率等財政政策，提高貨幣流通量來抵禦經濟下滑。經濟的確需要溫和的通貨膨脹，但絕對穩定的通貨膨脹只是幻想而已。

以美股為例，在戰爭期間和社會政治大動盪的時候，通貨膨脹率急遽上升，股票市場卻萎靡不振；但在戰爭和社會動盪之後、社會局面穩定之時，股票市場卻開始奮起直追，上漲幅度甚至達到驚人的 500％ 以上。基於這一現象，我們可以初步判斷市場與通貨膨脹是趨於一致，並且高通膨的經濟能夠為股票帶來積極的影響。當它們之間的關係變得懸殊時，我們需要注意它們之間，有可能出現復歸一致的現象。

漲聲股利
當眾人對股市的看法都一樣時，你就該落跑了

2. 穩定通貨膨脹狀態下的市場

　　穩定的政治與溫和的通貨膨脹，會對市場產生持久且重要的影響。在這種影響下，股市在一段時期內會出現明顯進展。政治環境相對穩定，這對股市來說是個積極因素。一直以來，政治局勢及社會經濟的發展狀況，是導致市場繁榮或蕭條的重要原因。這兩種因素持續對市場發揮作用，緊張的形勢和複雜的社會局面，使股市環境變得不穩定。在社會穩定、國家能更加集中精力處理國內經濟問題時，市場才會進入新的繁榮階段。

　　股市的政策性調整、首次公開募股（Initial Public Offerings，簡稱 IPO）的規模，及國家對通貨膨脹的過度擔憂等，都影響著大眾的投資信心。但這都只是過程，全球曾經歷過數次金融風暴和市場危機，吸取了慘痛教訓，各國政府深刻認識到穩固市場根基及不可盲目發展資本市場的重要性。

八、假期效應對市場的影響

以中國滬深股市的歷史表現為例,似乎每到夏季(7、8、9月份),市場經常處於不穩定的狀態。如果以滬深300指數為標的,分析2005—2017年7、8、9月份的數據,會發現在這十三年間震盪幅度超過5%,共九次,震盪幅度超過10%,共六次。在2007年、2008年和2015年這三年的震盪幅度,達到或超過了20%。

如何能夠避開此期間不穩定的下跌,並利用這三個月中經常出現的大漲,對我們來說十分重要。透過數據可以看到,中國市場處於正常環境時,每年的7、8、9月份的市場經常表現得相對疲軟;而在市場環境處於不利時,跌幅通常巨大;只有在牛市時期,這三個月的表現才會變得非常強勁。為了克服這一週期性的弊端,我們需要向數據內加入新元素。在表1-1中,我們採用「利用指數辨別牛熊轉折」的方法分析:當滬深300指數在50天內上漲30%時,我們就在接下來出現的第一個7、8、9月份中選擇繼續持有;而當滬深300指數在50天內下跌25%時,我們就在7、8、9月份進行空倉操作,並保持謹慎。

漲聲股利
當眾人對股市的看法都一樣時,你就該落跑了

表 1-1 滬深 300 指數在歷年 7、8、9 月份的表現

年份	漲跌幅度(%)	市場表現	7、8、9月份操作決策
2005	+4.4		空倉
2006	+0.67	11月—12月上漲30%	空倉
2007	+48.26		持有
2008	-19.63	2008年12月—2009年2月上漲30%	空倉
2009	-5.11		持有
2010	+14.53		空倉
2011	-15.2		空倉
2012	-6.85		空倉
2013	+9.47		空倉
2014	+13.2	2014年10月—2015年1月上漲30%	空倉
2015	-28.39	6月—7月初下跌30%	空倉
2016	+3.15		空倉
2017	+4.63		空倉

透過計算可以看到,利用此簡單的方法能夠戰勝市場,從而得出結論:每年的 7、8、9 月份,中國市場表現普遍讓人失望,只有在十分有利的市場環境中,才會有出色的表現。在股票市場表現平平的日子裡,夏季的假期對於深處市場的投資者來說更加重要。但如果市場已進入牛市,在逐利與度假之間,人們會做出明智的選擇,畢竟在市

第一章 「樂觀時變」──看清市場中的變化
八、假期效應對市場的影響

場處於火熱之時空倉度假,很難有愉快的體驗。在市場未處於週期性牛市時,我們可以空倉後去度假,並在市場形成牛市時積極參與。

對市場產生重要影響的因素還有很多,比如每逢長假前,股票市場人氣的提高,對市場有著積極的影響;而長假結束後,市場的繁榮在一定程度上,可以預示未來很長一段時間市場的向好表現,這會在一段時間內能預示市場的強弱。

在總結本章的各類週期現象時,還需明白,每個產業都有屬於自己的週期,當產業週期與指數的週期相符時,股價更容易大幅度變動(上升或下跌)。指數的週期則基於總體經濟、政治、市場人氣等變化,當指數的週期變動與這些因素的變化相符時,更易產生牛熊市。市場中存在的週期其實還有很多,這些都是透過大量數據研究得到的結果,我們要仔細觀察市場其中微妙的變化,對市場中所隱藏的週期了解得越多,就越能把握市場的脈搏。

漲聲股利
當眾人對股市的看法都一樣時,你就該落跑了

第二章 「人棄我取，人取我予」

漲聲股利
當眾人對股市的看法都一樣時，你就該落跑了

一、逆向思維——與眾不同，收穫截然不同

「當所有人想得一樣時，可能每個人都錯了。」作為現代逆向思考理論的創始人，漢弗萊·B·尼爾（Humphrey B. Neill）曾指出，所謂逆向思考的藝術，一方面是要培養深思熟慮的習慣，選擇同普羅大眾相反的意見；另一方面，還需要根據事件的具體情況，以及人類行為模式的表現來推敲自己的結論。

「逆向思維」並不是讓我們做相反的事情，而是讓我們保持清醒，並能審視自己的想法與行為是否處於客觀、理智的層面，而非跨越雷池進入極端、主觀的危險區域。投資具有不斷變化的性質，投資的藝術性在於對不斷發生的變化具有高度包容性，允許諸多不確定性因素加入，承認決策認知與客觀事實間存在的差距，並在決策上不斷調整以適應變化。

正確的投資決策不是一蹴而就，而是觀察和理解客觀事件，這樣才能做出具有前瞻性及適應性的決策。美國橡樹資本（Oaktree Capital Management）創始人，著名投資家霍華·馬克斯，在其傾注一生的經驗及研究所著的《投資最重要的事（The Most Important Thing: Uncommon Sense for the Thoughtful Investor）》中，闡述了第二層次思維模式的重要性。生活中我們的思維模式更傾向於第一層思維模式「認知—自我反應」，而這種思維模式往往會將我們帶入大眾的認知層面，做出的投資行為也不客觀。

第二章 「人棄我取，人取我予」
一、逆向思維——與眾不同，收穫截然不同

一般來說，善於運用第二層次思維，會讓投資者更容易把握機會和避免市場風險。

大眾普遍對預期的事件具有積極性，並常在事件發生前就過度反應，這是造成市場在事件發生時向反方向復歸的原因。大眾心理預期發生變化，很容易對股票市場的短期走勢產生影響，而當我們運用第二層次思維模式時，就會清晰看到市場發生變化的深層原因，並在市場過度反應時提高對風險的警惕。

在人類社會的發展中，由大眾極端情緒製造的泡沫事件，常會導致經濟狂潮、股市崩盤和經濟蕭條等情況的發生。這些阻礙人類文明發展的事件永遠也不會停下，這也使我們永遠無法停止思考這個神祕的投資世界。

談及史上著名的金融泡沫，自然不會忘記荷蘭的「鬱金香狂潮」。據記載，1637 年一株品種稀有的鬱金香，被拍賣到五千荷蘭盾，足以買下當時荷蘭首都阿姆斯特丹市中心的一幢豪華別墅；然而，就在狂潮達到頂峰的一年之後，鬱金香的價格卻暴跌了百分之九十多。

這種非理性的投機當然不止於植物，我們再來看看在資產集中的房地產業中，曾經有過怎樣的情況。

日本，這個向來理性謹慎的國家，卻在 1980 年代末製造了可怕的房地產泡沫。當時東京最繁華地段的房屋價格，每平方公尺高達一百萬美元，但日本人卻沒有認為那是一個泡沫，反而認為以日本有強大的能力買下世界上所有的資產。而當時日本最搶手的房屋，現在卻最

漲聲股利
當眾人對股市的看法都一樣時，你就該落跑了

　　多賣到每平方公尺一萬美元，比起當初的價格下降了百分之九十九。

　　當然也有相反的例子，2008 年，美國房貸市場引起的金融危機深入人心，到處流行著美國經濟進入衰退期、美股將一蹶不振的預言。但實際情況卻恰恰相反，道瓊工業指數在 2009 年 3 月份達到最低點後，僅用了四年時間，便超越了此次金融危機發生前的最高點位。

　　我們之所以要培養逆向思維，其實就是希望避免發生那些容易將我們帶入危險境地的極端行為，並習慣獨立、客觀思考問題，避免與大眾雷同。判斷與決策時要避開群體性思維的影響，常常用第二層次思維引導自己，做出理智的決策。

　　逆向思維的價值，也體現在它不會讓我們輕易尋找投資機會，而是關注這個機會背後的真相，並幫助我們避免在出現偏離時，犯下追悔莫及的錯誤。

第二章 「人棄我取，人取我予」
二、用大眾的錯誤獎賞自己，用大眾的幻覺認識錯誤

二、用大眾的錯誤獎賞自己，用大眾的幻覺認識錯誤

我有必要闡釋清楚，通常在一個長期趨勢中，大眾的正確判斷多過錯誤判斷，尤其是在大級別牛市和漫長熊市的後期，幾乎沒有人出現錯誤判斷；但當市場發生大轉折時，大部分人的判斷卻會錯得離譜。

迄今為止，還沒有什麼方法可以完全確定市場趨勢逆轉的具體時機，但我深有體會的是：每當市場趨勢持續很久，且大眾對市場判斷一致時，市場的運行方向更易發生顛覆性轉變。

也許運用第二層次思維的方式，會讓你過早判斷市場的頂部或底部，但它仍然很重要。這樣做總會有些誤差，但至少不會錯得離譜。更進一步說，如果我們保持這樣適時反其道而行的做法，終會成為更容易勝出的逆向思維者。

牛市上人氣沸騰，當大眾都熱衷於買入時，那些價格大幅高於價值的風險，往往會被大多數投資者忽視。市場由於處在高位運行階段，真正有價值的投資標的會變得越來越少，市場積聚的風險往往會突然爆發，讓我們措手不及並蒙受巨大損失。當市場處於熊市尾聲階段時，我們同樣不能發現很多股票的實際價值相對於其正常價值已經大打折扣。要記住，從其他人的忽視中獲得的利潤，要比從自己的聰明裡獲得的利潤大得多。

但在大部分市場中，並不經常存在極端轉折的情況，市場在強弱

漲聲股利
當眾人對股市的看法都一樣時,你就該落跑了

循環中震盪徘徊,即便是可以用來長期投資的股票,看上去也並不是一直強勁,這一現象也為我們如何在市場中更好運用逆向思維,開闢了新的道路。

第二章 「人棄我取，人取我予」
三、為何經濟學家也會出錯？

三、為何經濟學家也會出錯？

我在閱讀日本著名經濟學家野口悠紀雄博士所著的《日本的反省：懸崖邊上的經濟》時，對其對日本經濟走向的推斷產生興趣。

2008年美國發生次貸危機，造成了美國道瓊指數大幅下跌。此次下跌對全球股市造成了巨大的損失，對衰退嚴重的日本股市影響尤為巨大，日經指數的跌幅遠超道瓊指數，這引發了日本國民嚴重的恐慌情緒。野口悠紀雄博士以日經指數下跌超道瓊指數為由，進行一系列分析，並指出此次危機不只具有牽連性影響，還是日本經濟本質的問題。其用日本企業2008年「出口企業年報預告收益大幅下降」的現象，證明日本企業在2002年以後的景氣復甦（對美出口增加和日元貶值）是不可持續的現實因素，悲觀判斷日本的貿易順差有可能歸零，並認為當時日本股價跌幅大於美國，是日本經濟市場陷入更深困境的訊號，這個訊號預示著日本作為出口國貿易模式的終結；但如今看來，這次大規模國際性金融危機導致的日經指數巨幅下跌及恐慌現象，卻正是日本經濟及股市踏上復甦之路的起點。我驚訝如此優秀的專家，會在日本經濟及股票市場出現轉折時，做出毫無準確性、甚至完全相反的推論，驚嘆之餘也意識到：這正是剖析該領域專家屢屢在股市將要出現反轉的關鍵節點上犯下錯誤的最佳時機。

我不能武斷認為專家有失理性，因為任何一位專家在做出結論及推測前，都會列舉大量數據及令自己和他人信服的理論依據，但在這

漲聲股利
當眾人對股市的看法都一樣時,你就該落跑了

其中是否存有專家對所發生現象的主觀判斷呢?

在心理學中有一種現象被稱為稟賦效應（Endowment Effect）,即當人們擁有某件物品後,對其的評價會大大優於尚未擁有該物品時。當經濟學家透過自己的研究,分析認定了某種推斷時,往往會更加主觀積極從其他數據中,挑選對自己推斷有利的部分支持。因此,我們可以或多或少體會到,野口悠紀雄博士可能具有的「稟賦效應」心理。

野口悠紀雄博士用了大量數據對比美國、日本次級貸關聯商品價值,認為美國此次危機關聯商品,無論從數量還是體積上都遠超日本,但日本股市的下跌幅度卻比美股更加嚴重,這其中必然與日本經濟的本質有關。在這裡我認為,他忘記了這兩個不同市場的投資者所擁有的不同信心狀態的基本區別。

在此次金融危機之前,日本就已經經歷著因泡沫破滅、而導致的二十年來嚴重的經濟衰退,經濟及股市的嚴重下滑,困擾著日本投資者的投資信心;而美股的情況則完全不同,擁有百年歷史的道瓊指數可謂「身經百戰」——1929年的股災、各種戰爭,以及911恐怖攻擊,其股票市場始終能在短期大幅下跌後,很快恢復上漲動力。

毋庸置疑,日本投資者的恐慌程度遠大於美國投資者,事實也證明了我的這一推斷——雖然2008年的次貸危機並未發生在日本,但對日本股市和經濟的負面影響,都遠高於次貸危機的發生地美國,而這一切都緣於日本二十年來逐漸衰弱的投資者信心。這種基於兩國股票市場投資者信心的對比明顯不公平,這樣根本無法產生正確的推論結

第二章 「人棄我取，人取我予」
三、為何經濟學家也會出錯？

果，我稱這種對比方式為「對比錯覺」。這種錯覺隨時都有可能產生，稍不留意便會掉進錯誤的深淵。

「稟賦效應」的主觀性及「對比錯覺」的不公平性，很可能是造成野口悠紀雄博士對日本經濟狀況誤判的因素之一。專家犯下錯誤並不是因為他們的分析內容，而是因為他們的分析方式。

野口悠紀雄博士認為，日本 2002 年以來的經濟復甦及股市上漲，是美國對日本的進口提高所致。他透過分析，預測美國經常性收支赤字將不可持續擴大，日本對外國的出口擴張也有限，並推斷了日本在 2005 年以後的企業收益成長和股價的上升，都是日元貶值泡沫所致。因此野口悠紀雄博士認為，2008 年股價的暴跌，代表日元貶值泡沫的破裂。

但從日本經濟之後的表現來看，當時的情況更有可能是美國對日本的進口提高，刺激了日本經濟從低谷爬出，而股市的上漲現象究其原因，一部分是貿易復甦的促進作用，另一部分是日本政府干預匯率、提供寬鬆的貨幣政策。而寬鬆的貨幣政策是股票市場向好的基礎條件，股票市場的貨幣流通量，就像人體的血液一樣重要，充足的輸血量能挽救一名因失血過多而病危的患者，雖然寬鬆的貨幣政策不一定能為股票市場帶來立竿見影的效果，畢竟資金的傳導需要過程，但只要寬鬆的貨幣政策能夠持續，不久之後，資金就一定會流入股票市場中。因此，寬鬆的貨幣政策，就是開啟股市牛市大門的黃金鑰匙。

「外推慣性」也是導致野口悠紀雄博士判斷錯誤的原因，如同拋

漲聲股利
當眾人對股市的看法都一樣時，你就該落跑了

　　硬幣出現正反面的機率均為 50%，當連續拋出 20 次反面時，「外推慣性」將會使你產生下一次仍會拋出反面的錯覺，而導致該博士出現錯誤的「外推慣性」，就是日本的股票市場下跌了二十年。「外推慣性」往往會出現在人們不經意的決策間，即使對於大多數專業人士也不例外，這類錯誤推斷常伴隨著投資過程中的過度興奮或恐慌出現在決策中。由各種分析推斷日本的經濟即將出現問題，使野口悠紀雄博士又犯了一個簡單卻致命的錯誤：一個包含了許多不可測因素的預測，本身就不能成立。預測必須符合簡單原則，因為越複雜的事情，越會存在更多不確定因素，將嚴重影響推論的可靠性。野口悠紀雄博士悲觀的認為，日本的貿易順差有可能歸零，日本將終結出口國經濟模式的觀點，正是他對當時日本經濟存在嚴重偏見而導致的錯誤推測。

　　在次貸危機結束的一年後，日本股票市場的漲幅達到了 50% 之多，並從此步入了長期的牛市，這也讓大多數投資者感到意外。投資者在牛市中對利空因素的過分擔憂，正是造成錯誤拋售後又大量搶回股票，形成股市大幅上漲的重要原因。由此可見，無論多麼高明的經濟學家，都不能改變事實的不可預測性。

四、市場中的「平均數復歸」現象

　　股票市場中的平均數復歸現象，是指股票價格無論高於或低於價值中樞或均值，都極有可能向價值中樞復歸。根據這個理論，一種上漲或者下跌的趨勢，不管延續的時間多長都不能永遠持續下去，最終一定會出現平均數復歸的規律——漲得太多，就會向平均值移動下跌；跌得太多，就會向平均值移動上升。平均數復歸，同時表示一種消除偏差的過程，指的是隨著重複次數或樣本量的增加，隨機性的誤差會逐漸消減，實際值越來越接近於其長期均值。

　　在股票的投資組合中，極端的結果更容易出現在小樣本的投資組合之中，這種投資組合的本質，會使收益率更高或風險性更大。曾經有人做過實驗：在一個盛滿黑白兩種顏色玻璃球的黑色袋子裡，第一個人每次取出兩顆玻璃球，第二個人每次取出四顆玻璃球，重複數次後，會發現第一個人拿到同顏色玻璃球的次數，是第二個人的數倍，這也是小樣本事件更有可能出現極端機率的事實證明。

　　在小樣本投資組合中，當出現超高或超低收益時，說明小樣本投資組合相對於大樣本投資組合，存在更加極端的「平均數復歸」特性。流通股本小的股票，通常比流通股本大的股票表現得更強或更弱，你買入單支股票的收益，會比買入一組多支股票的總體收益更好或更差。在基金投資中，當我們持續追蹤分析某些表現最好或最差的基金時，通常會發現上述現象。了解和利用容易造成極端「平均數復歸」現象

漲聲股利
當眾人對股市的看法都一樣時，你就該落跑了

的小樣本事件特性，能讓我們在股票投資中表現更好。比如，在風險得到控制的情況下，當市場整體不景氣時，關注其中尤其不景氣的產業，並在適當的時候投資，所獲得「平均數復歸」的收益，將有很大的機率超越投資其他產業的「大樣本」股票投資組合收益。想要成功，還需要更深刻理解造成「平均數復歸」現象的各種其他因素。

1. 投擲硬幣中的「隨機性」

平均數復歸現象遍布投資領域，但它不是拋擲硬幣那種純粹統計意義上的平均數復歸。拋一枚硬幣，我們預期出現正面和反面的機率都是 50%。如果我們將硬幣拋擲 10 次，理論上我們會看到 5 次正面和 5 次反面，但在現實中，我們可能會看到 8 次正面或反面。這種現象表明在有限的樣本中，隨機性大於機率性。但[6] 大數法則 認為，如果我們大量做這種相同的實驗，其結果將會更接近平均值，即正反面出現的次數相同，但前提是實驗數量要接近於無限大時，這種隨機性才會服從於機率性。

但現實中通常不會有無限的實驗次數，在有限的實驗次數裡，隨機性卻能占有統治性的地位。我們經常能看到：隨著實驗次數增加，絕對誤差會減少。有些人會以為前面連續出現了若干次正面，後面會跟著出現若干次反面，這種認識被稱為[7]「賭徒謬論」，以為在隨機的

6　在隨機事件的大量重複出現中，往往呈現的幾乎必然的規律。
7　「賭徒謬論」是一種錯誤的信念，認為在隨機事件中一個事件發生的機率，與之前

第二章 「人棄我取，人取我予」
四、市場中的「平均數復歸」現象

過程中前面的實驗結果偏離了預期機率，後面更有可能會向相反方向偏離，這是一種錯誤的認知。拋擲硬幣是獨立的隨機過程實驗，正面和反面出現的可能性，都獨立於先前出現的結果，只要投擲硬幣，即使連續出現了 100 次正面，下一次出現正面的機率依然是 50%，因為投擲硬幣這類行為不會受到心理情緒影響，更容易出現典型的平均數復歸現象。

2. 大數法則下的「平均數復歸」現象

在現實世界中，我們常常能遇到大數法則。英國生物統計學家高爾頓（Sir Francis Galton）在研究人類身高遺傳規律後發現：異常高的父母生出的孩子，其身高通常會高於同齡孩子的平均身高，但達不到其父母的身高；身材矮小的父母生出的孩子，其身高常會低於同齡人的平均身高，但卻會高於其父母的身高，這種情況就是生活中的「平均數復歸」現象。

股票市場中也會出現「平均數復歸」的現象，如某支股票或整體指數出現上漲或下跌的極端運動情況後，會往相反方向運動，之前運動的力度越大，後續朝相反方向的調整幅度就越大。這一現象可以在公司的財務報告、證券的市場價格、指數的運行，以及投資者的業績上觀察到。其原因是多方面的，其中之一是在股票投資市場中，人

發生的事件有關，即其發生的機率會隨著之前沒有發生該事件的次數而上升。如重複拋硬幣，連續多次拋出反面，賭徒可能錯誤認為，下一次拋出正面的機率更大。

漲聲股利
當眾人對股市的看法都一樣時，你就該落跑了

們的決策會受到環境、心理、情緒的影響，而不會被單純的隨機事件干擾。

3.「平均數復歸」對不同預期下投資組合的影響力

觀察股票市場後會發現，正是投資者對證券價格運動的過激反應，才創造出平均數復歸的條件，這一過激反應引起股票價格暫時偏離均值價格。其後，股票價格隨時間或事件的影響，出現向正常價值方向運動的平均數復歸。以此為依據，股票價格無論是上漲還是下跌，遲早都會有反方向運動。

一般情況下，每股收益直接代表了股票的盈利情況，可以直觀將股票區分為盈利與虧損兩種。在表 2-1、表 2-2 及圖 2-1 中，以中國滬深兩市中的每股收益為標準，選取了二十家盈利最多的公司以及二十家每股收益最差的公司，組成「最盈利組合」及「最虧損組合」兩組模型，分析其從 2008—2015 年的變化趨勢。

第二章 「人棄我取，人取我予」
四、市場中的「平均數復歸」現象

表 2-1 2008 年虧損組合（每股收益變化追蹤）

股票代碼	時間							
	2008 年	2009 年	2010 年	2011 年	2012 年	2013 年	2014 年	2015 年
600421	-1.42	0.28	-0.08	-0.1	0.61	0.07	0.01	0.001
000978	-0.82	0.191	0.208	0.19	0.17	0.03	0.114	0.083
600130	-0.22	0.02	0.06	0.08	0.09	0.09	0.1	0.08
000918	-1.44	0.83	0.62	0.11	0.06	0.03	0.02	-1.3
000856	-0.72	0.06	-0.36	0.31	0.19	0.04	-0.38	-0.89
600722	-3.54	-0.06	2.62	-0.59	0.16	-0.23	-0.46	0.36
600155	-1.74	-0.71	0.01	5.25	-0.34	1.68	-0.36	0.47
600757	-1.37	-0.91	1.54	0.46	0.31	0.35	0.17	0.27
600444	-1.2	-0.82	0.05	-0.71	-0.39	0.04	-0.27	0.21
600373	-0.743	-0.46	0.93	0.85	0.89	1	0.68	0.78
600699	-0.68	-1.9	0.6	0.74	0.36	0.47	0.55	0.61
000958	-1.0783	-4.21	0.09	-0.92	-0.22	2.23	0.4	0.81
000767	-0.73	0.01	-0.57	-0.59	0.05	0.22	0.24	0.18
000818	-0.695	-3.24	1.71	0.17	0.03	-0.13	0.13	0.18
000820	-0.65	-0.48	-2.48	0.11	2.1	0.06	0.01	0.04
000509	-0.57	-0.17	0.04	-0.45	-0.34	0.08	-0.06	0.02
000976	-0.48	-0.13	0.11	-0.3	0.02	-0.17	-0.36	0.03
000673	-0.43	-0.22	0.03	-0.12	0.02	0.01	0	0.37
600076	-0.1	0.02	-0.06	-0.06	0.1	0.14	-0.03	0.45
600773	-0.12	0.22	0.2	0.51	0.18	0.12	0.13	0.09

漲聲股利
當眾人對股市的看法都一樣時，你就該落跑了

表 2-2 2008 年盈利組合（每股收益變化追蹤）2008—2015 年

股票代碼	時間							
	2008 年	2009 年	2010 年	2011 年	2012 年	2013 年	2014 年	2015 年
600150	6.28	3.77	3.94	2.12	0.02	0.03	0.03	0.04
600596	5.89	1.002	0.25	0.03	0.19	0.64	0.07	-0.39
601558	5.41	2.06	3.17	0.39	-0.14	-0.86	0.01	-0.74
600519	4.03	4.57	5.35	8.44	12.82	14.58	13.44	12.34
002001	4.02	2.98	1.61	1.6	1.17	1.22	0.74	0.37
002708	3.59	0	0	0.52	0.59	0.53	0.34	0.09
300071	3.24	0.71	0.7	0.36	0.25	0.4	0.2	0.19
000892	2.91	-0.01	-0.01	0	0	0	0	0
300078	2.77	1.2	1.38	0.56	0.42	0.51	0.47	0.34
002608	2.63	1.95	2.01	1.51	0.55	0.56	-4.82	-14.54
000937	2.49	1.39	2.07	1.32	0.97	0.51	0	0.1
600123	2.45	2.22	2.3	2.91	1.63	0.88	0.06	0.01
601001	2.45	1.78	0.77	0.65	0.04	-0.84	0.09	-1.08
300038	2.37	0.69	0.28	0.3	0.24	0.32	0.33	0.35
000338	2.32	4.09	4.07	3.36	1.5	1.79	2.51	0.35
601166	2.28	2.66	3.28	2.36	3.22	2.16	2.47	2.63
002572	2.27	1.52	2.1	1.31	0.81	0.56	0.74	1.04
002242	2.25	1.2	0.78	0.66	0.6	0.62	0.7	0.81
601699	2.48	1.83	2.99	1.67	1.12	0.66	0.43	0.03
601666	2.48	1.01	1.02	0.78	0.48	0.28	0.08	-0.91

第二章 「人棄我取，人取我予」
四、市場中的「平均數復歸」現象

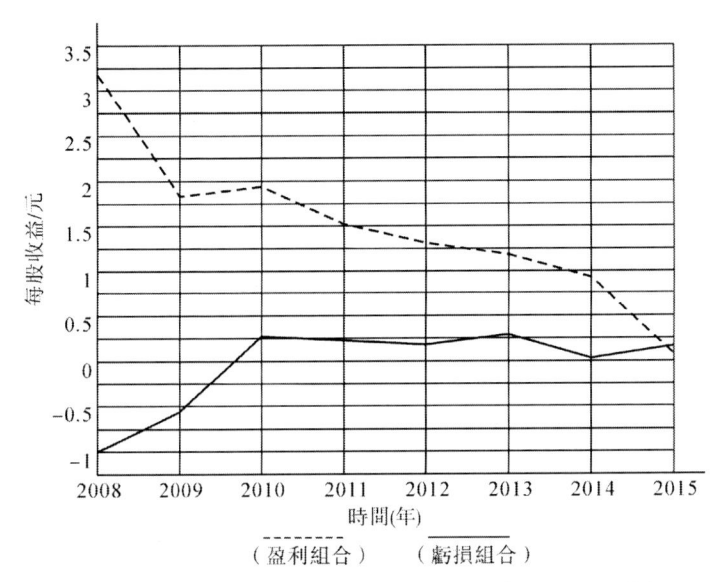

圖 2-1 每股收益盈利組合與虧損組合走勢追蹤（2008—2015 年）

其中「最虧損組合」在經歷每股收益大虧之後，業績迅速上升至平均水準，尤其是在公布業績大幅虧損之後的兩年內；而「最盈利組合」則恰恰相反，其中的大跌出現在公布大幅盈利後的一年內，表明當市場處於熊市期間，由平均數復歸帶來的業績下降的風險，大於由它帶來的業績上升機率。

圖 2-2 分析了平均數復歸對「最盈利組合」和「最虧損組合」在價格方面的影響。七年中，「最虧損組合」無論是在熊市期間還是 2014 年之後的牛市時期，均強於「最盈利組合」，尤其是在市場牛市

漲聲股利
當眾人對股市的看法都一樣時,你就該落跑了

期間的表現,大大超越了同期「最盈利組合」,這也表明了「最虧損組合」在經歷平均數復歸、遇到市場牛市時,就會表現得更加強勁。

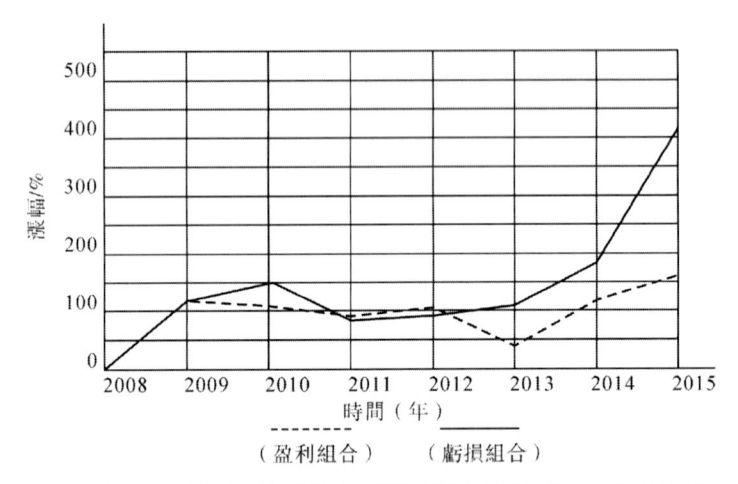

圖 2-2 每股收益盈利組合與每股收益虧損組合股價走勢追蹤(2008—2015 年)

如果我們能在公司大幅虧損時,注意到虧損的原因並仔細分析,就有可能為我們帶來巨大的投資報酬。遺憾的是,即使我們認識到「平均數復歸」存在的必然性,也未必能在機會來臨之時抓住它。正如美國著名人類行為學家布瑞特·史丁巴格(Brett N. Steenbarger)所說,多數人在處理盈利時是風險迴避者,而面對損失時就成了風險偏好者,也就是說,在真正艱難的時刻,投資者大多都是沒有能力堅持既定方針。勇氣和剛毅是市場所缺少的東西,大部分投資者都很難做到這點。深刻理解平均數復歸現象與投資行為心理的關係,將會有助於我們消

第二章 「人棄我取，人取我予」
四、市場中的「平均數復歸」現象

除投資中的極端情緒。

4. 冷門虧損股與熱門盈利股的「平均數復歸」現象

　　冷門股，一般是指股票市場中由各種原因，導致在一段時期內交易冷清、無人問津且價格持續低迷的股票；熱門股，是指在股票市場一段時期內交易量大、價格上漲幅度大，因各種原因被市場投資者熱炒追捧的股票。

　　市場中類似的情況數不勝數，這讓我們更加意識到在市場平均數復歸的本質下，流行的「熱門股」和不引人注意的「冷門股」所存在的風險與機會。下面我們從數據上來看，因各種原因遭遇市場不同態度的「冷門股」和「熱門股」在經歷平均數復歸時的表現。

　　我們以中國的滬深 300 指數標的股票為對象，從中選取當時的熱門盈利股票組成「熱門盈利組合」，選取當時市場內交易低迷的冷門虧損股票組成「冷門虧損組合」，對比這兩個股票組合在 2009—2016 年市場中的表現。這也正是在經歷了經濟危機之後，中國股市再次出現牛市直至結束的特殊時間段。圖 2-3 和圖 2-4 反應了市場依次經歷衰退、低迷並再次繁榮時，其平均數復歸的情況。

　　根據圖 2-3、圖 2-4 的走勢，我們可以明顯看出，在熊市底部平淡期間，「冷門虧損組合」的每股收益意外堅挺，此時股價也逐漸探底並開始轉好，並在市場回暖時強於人們對其的預期；而此時「熱門盈利組合」的每股收益，卻在經歷大幅度的「平均數復歸現象」；更重

漲聲股利
當眾人對股市的看法都一樣時，你就該落跑了

要的是，當市場開始進入下一輪爆發期時，那些曾經被人們無視或拋棄的股票，卻能夠創造出驚人漲幅，而曾經被人們一致追捧的股票卻從未達到人們的預期。

這一現象再次印證了，投資者追逐預期高的熱門股票，除了帶來低報酬外，並沒有其他好處；而一味放棄冷門虧損股票，將導致失去贏得更高報酬率的機會。

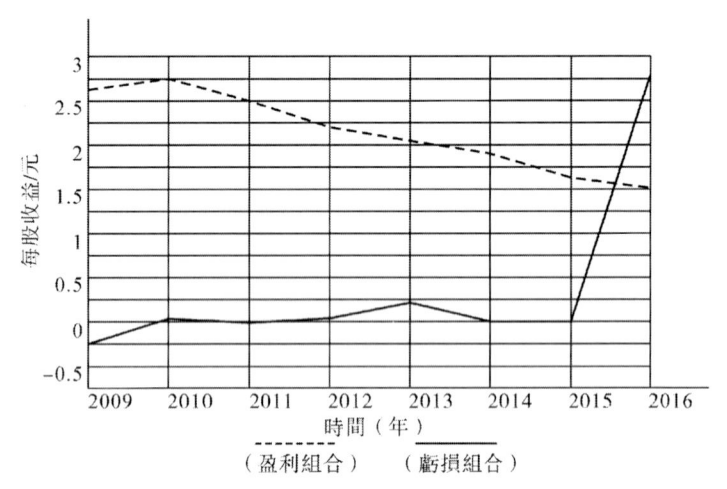

圖 2-3 每股收益盈利組合與每股收益虧損組合趨勢追蹤（2009—2016 年）

第二章 「人棄我取,人取我予」
四、市場中的「平均數復歸」現象

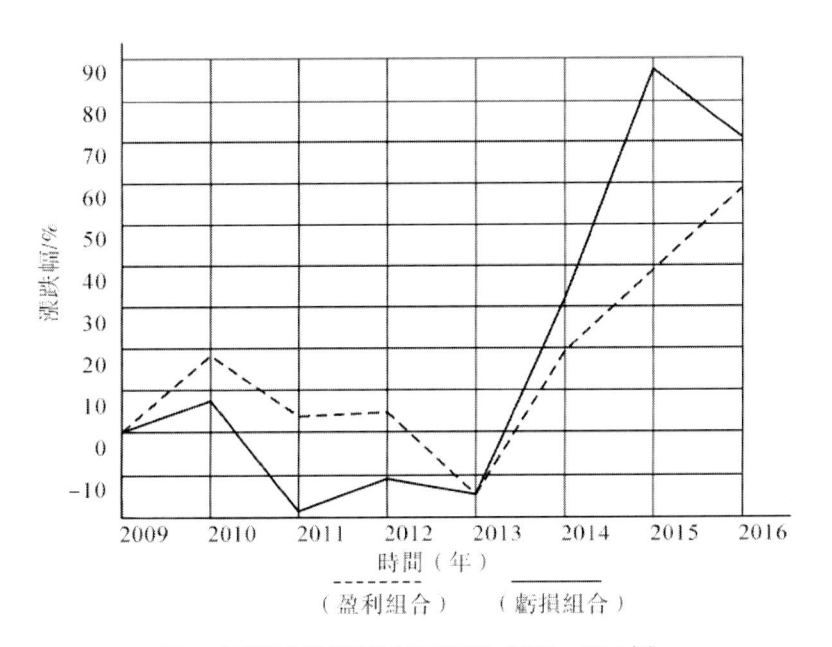

圖 2-4 盈利組合與虧損組合股價追蹤（2009—2016 年）

下面讓我們一起來看看這一現象背後的原因。

股票市場的低迷,通常是在貨幣政策漸變緊縮的情況下發生,這會導致各產業的發展停滯及上市公司的融資困難。而牛市時期,「熱門盈利股」往往增加大量負債和成本,提高產業競爭力,這使得企業在面臨困難的時候更是雪上加霜。基於市場中各企業的狀態,大多數公司的財務狀況都處於產業內平均水準（除具有壟斷性質的產業,如石油、電力、鐵路等）。在股票市場高漲的時候,為了能夠提高自己

漲聲股利
當眾人對股市的看法都一樣時，你就該落跑了

的財務競爭力，贏得市場關注從而提升股票價格，很多企業常常會併購公司、提高財務槓桿，甚至調整財務報表，使財務狀況得到改善。這些方式在遇到市場產業不景氣時，將會為企業帶來更大的風險。即使某些「幸運」的公司，因偶然接到大單的業務，或找到了能有效控制企業生產成本的方法，也會因整體產業的逐漸衰退而表現平庸。

透過以上原因來看，通常每股收益已經達到很高水準的公司，在市場整體環境變得惡劣時，很難會變得更好，從而使人們對公司財務成長的預期變得不樂觀，這使「熱門股盈利組合」在財務狀況表現不達預期後，遭到了投資者的大量拋售，股價跌幅更加巨大；而「冷門虧損股」的情況卻恰恰相反，投資者大幅降低了對其的預期，而產業發展的平均水準，能夠使公司的財務狀況逐漸出現「平均數復歸」的現象，使得投資者對公司信心大幅激增，股票價格大幅上升。

5. 樂觀與悲觀的預期創造了「平均數復歸」

投資大師巴菲特的老師葛拉漢（Benjamin Graham），曾解釋了價值投資的重要性，他的表述使這一現象變得簡單易懂：「短期而言，股票市場是一台投票機；但長期而言，股票市場卻是一台秤重機。」

這反應了即使短期的市場，也常常造就非理性的波動。但股票的價值就是股票的品質，從長期來看，股票的價格不會遠離價值，而股票的價格始終被長期市場的力量所牽制，而「平均數復歸」正是在這一神祕力量下的普遍現象。

第二章 「人棄我取,人取我予」
四、市場中的「平均數復歸」現象

巴菲特以實際行動證明了不是因為挑選到贏家而獲得報酬,而是因為發現了錯誤的定價而贏得利潤。

但投資者更容易用過去的業績外推,即使將來的實際結果並不能保證這種外推的準確性。我們可以將這種外推,看作投資者對熱門股的未來過度樂觀,因為他們只是根據過去的成長預測未來的趨勢,因此他們也很容易對市場過度低估的公司過度悲觀。

人們為熱門股支付更高價格的行為,隱含著市場對這些股票的預期,但是與這一預期恰恰相反,熱門股的價格並不能持續上漲。根據「平均數復歸」的現象來看,市場中真正有價值的投資往往銷路極差,熱門股的成長速度落後於冷門價值股票,甚至由於熱門股在前期過度成長,後面的成長速度會變得更慢。也就是說,平均數復歸同時存在於投資者對熱門股的過度追捧,及對冷門價值股的過度拋棄中。

研究表明,無論是運用價格、業績或成長率,選擇不同指標買入的冷門價值股,均勝過熱門股在市場中的表現,而從這些指標中選擇出來的熱門股,後來卻大幅下滑。市場投資者一味高估熱門股未來成長率,在如此高的股價下,公司哪怕出現一點小差錯,都可能導致股價大跌,即使專業投資者也會忽視這一點。他們並沒有認識到平均數復歸更有可能發生在「熱門股」上,因此冷門價值投資策略,實際上比追逐熱門成長投資的行為風險更小,能以較低風險實現高的收益才能獲得成功。

不只在具體股票的選擇上會出現這種預期差,在整體市場中也常

漲聲股利
當眾人對股市的看法都一樣時，你就該落跑了

常發生這類情況。

1999 年 5 月 8 日凌晨，以美國為首的北大西洋公約組織悍然發射三枚導彈，襲擊中國駐南斯拉夫聯盟大使館，造成使館毀壞和人員傷亡。中國股市在此消息的刺激下重挫了整整一週，上證指數、深證成指在短短七個星期後，分別上漲了 70835 點和 237496 點。這是人們對股票市場無法建立信心時，突然發生的正面「黑天鵝事件」，這是典型的投資者極端情緒造成的市場觸底回升現象。

現實的市場被投資者心理情緒所影響，當市場出現一致性心理預期並被兌現時，市場往往會因為投資者已經過度透支心理預期而出現轉折。在今天看來，這個道理就更加明顯了，無論市場出現任何情況，都要考慮到人們對市場的心理預期，因為可能會導致對市場的過度悲觀或樂觀，從而再次被市場中普遍存在的平均數復歸所影響。

6. 尋找並耐心等待有可能出現的「平均數復歸」

目前為止，平均數復歸仍不能解決、或者說不能預測復歸的時間間隔，因為復歸的週期呈隨機漫步（Random Walk）的狀態。不同股票的復歸週期不一樣，即使對同一支股票來說，每次復歸的週期也不同。正收益與負收益復歸的幅度與速度不可能相同，因為它們之間並沒有必然聯繫，復歸的幅度與速度也具有隨機性，對稱的平均數復歸才是不正常、偶然的。

某些股票價格持續高漲或低迷，是因為市場投資者選擇漠視能發

第二章 「人棄我取，人取我予」
四、市場中的「平均數復歸」現象

生「平均數復歸」的因素。但這些造成股票上漲或下跌的因素（如對熱門股的追捧或對冷門股的忽視）並不會一直存在，取而代之的是那些能夠影響股價反向運動的因素（如對熱門股的冷淡或對冷門股恢復信心）。

當人們越來越重視使股票價格發生反方向運動的因素時，「平均數復歸」便會出現，而這一變化通常是循序漸進，最終會突然爆發。因此，我們在找到那些具備「平均數復歸」條件的股票後，還要靜心等待市場投資者對導致價格方向改變的因素做出反應。而這種等待具有非常重要的意義，因為過早買入，就有可能出現「平均數復歸」的股票，耗費更多的耐心和信心。據此，只有當市場參與者注意到這些因素時，它們才會影響股票的價格，當市場的轉變持續了一段時間後，那些價格過高或過低的股票才更容易被人們注意到，市場投資者也會更多。

我們需要尋找，並耐心等待市場中那些有可能出現平均數復歸的機會，去證實而非預測平均數復歸的轉折點，並在平均數復歸過程中保持信心。

7.「平均數復歸」對市場穩定發展的影響

在股票市場中，沒有哪種過分使用的理論或技術分析永遠有效，某種理論或技術分析的普遍使用，會引起市場投資者在這種方法內競爭，從而弱化該理論指標的實際效用；但「平均數復歸」卻是例外，

漲聲股利
當眾人對股市的看法都一樣時，你就該落跑了

因為波動性是投資市場的常態。

在股票市場中遇到的「平均數復歸」，更多是在兩個極端價格中來回修正的過程，而市場的成熟度直接影響價格波動的幅度大小，但這種波動卻永遠不會消失。

但我們仍可以試想一下，當「平均數復歸」被越來越多的投資者所廣泛認可後，便會出現大量競爭者。當更多的投資者使用這一方法作為投資策略時，將會大量消滅市場中價格極端暴漲或暴跌的股票。股價出現極端變化的股票，將會被更多理智、且尋求「平均數復歸」的投資者所識別，人們始終會不停尋找出現市場偏差的股票，並及時糾正它們的價格。這將有效減少市場的大幅震盪，而出現以社會經濟發展為基礎的漫長穩定的趨勢。

在股票市場中，巨大波動在所難免，因為製造巨大波動的因素一定是能夠打破市場平衡狀態的事件，如戰爭、經濟蕭條、政權易手等，但在這之後「平均數復歸」的再次崛起，會令市場快速恢復到穩定的狀態並保持趨勢。基於「平均數復歸」而穩定的市場，對國家和社會的經濟發展、人類文明的進步將有強烈的促進作用。

8.「平均數復歸」中的「順勢」

在某支股票上漲的過程中賣出它，或在下跌的過程中買入它，都有可能減少你在這支股票中的總體收益，因此在這個過程中保持耐心和信心十分重要。前文說過，當我們發現有「平均數復歸」可能性的

第二章 「人棄我取，人取我予」
四、市場中的「平均數復歸」現象

股票後，不應立即買入，而是需要靜下心來等待有可能造成「平均數復歸」的因素被市場發現並認可，再參與其中，以提高「平均數復歸」的準確率。那麼在此之後，我們需要做的就是保護好股價逐步復歸過程中的利潤了。

2013年年初，股票市場整體仍舊疲軟，由於某牌特種車股份的股權質押問題始終沒有緩解，致使該股票價格在深度下跌後一直沒有起色，但其股票價格在很長時期內並未再次創出新低。這使我更加關注這支股票，並將其納入有可能出現「平均數復歸」現象的股票名單之中。大家都知道，尤其是在市場遭遇熊市時期，上市公司的股權質押問題，是威脅股票價格的一大隱患，這也通常是上市公司遇到資金壓力的一個重要標誌，因此股權質押的問題，常常是在熊市時期公司股票創新低的一個導火線。但隨著股票市場走出熊市並逐漸穩定上行時，人們傾向於逐漸淡化市場中的利空因素，而對利好因素更加敏感。而這支股票因資金壓力導致的低價格，除了是造成「平均數復歸」的一個重要因素，同時也為我們提供了更多的安全性。

幾個月之後，公司發出了一份關於股東股權解除質押的公告，雖然只解除了其中一部分的質押流通股，但大大影響了市場投資者的信心，並且同時期股票市場指數已經開始出現明顯上漲的趨勢，市場活躍度明顯增加，這也為我大量買入此股票提供了契機。

持股的耐心比買股時的決心更重要，在之後的日子中，更需要關注的是可以製造其「平均數復歸」的因素是否惡化。所幸它始終保持

漲聲股利
當眾人對股市的看法都一樣時，你就該落跑了

在穩定可控的狀態。事實上，直到我持有這支股票一年之後，它才正式開始穩定上升。

在持有這支股票的過程裡，我戰勝了市場中無數次波動帶來的恐懼。在與投資情緒對抗時最難以忍受的，便是在某一段時期內其他股票相對於自己手中股票出現了更大漲幅所帶來的誘惑。要深信，在一輪牛市行情中堅持持有一支擁有「平均數復歸」特性的股票所帶來的利潤，將會遠大於頻繁更換其他股票所帶來的收益。

在之後市場持續繁榮的日子裡，熊市中的利空因素帶給人們的恐懼感已被完全消除，該股票之前遇到的股權質押問題已經毫無威脅。這表明此股票能夠出現「平均數復歸」的因素已完全被市場所接受。但現在就是賣出該股票的最佳時機嗎？答案當然是否定的，因為那些可以帶來「平均數復歸」的因素，只能將股價變得更合理，而人們對待牛市的熱情才會將股價拋向更高，因此在接下來的持有過程中，我們更需要極大的耐心與信心。在持股兩年之後，2015 年 5 月份的某一天，我在這支股票上實現了近 400% 的收益，馬上遠離這個市場，耐心等待股票市場有可能出現的反向（下跌）「平均數復歸」，並期待市場為我再次創造正向（上漲）「平均數復歸」的機會。

股票市場中的「順勢」，代表堅持市場中的趨勢，不被短期的市場「雜訊」所影響，能夠理智清醒在紛亂繁雜的市場干擾下掌控大局並持之以恆。這不是簡單的表象理解，而是發現影響市場的核心因素，找到正確的方向和趨勢，充分理解並堅持參與其中，即使期間經歷多

第二章 「人棄我取，人取我予」
四、市場中的「平均數復歸」現象

次干擾，仍能堅定信心，這是一種交易的大智慧。

尋找「平均數復歸」的可能性，需要我們不受市場情緒干擾，能夠從容在極端行情出現時自我反省，發現並利用市場中有可能出現的錯誤。而在之後的「順勢」過程裡，投資者需要保持清醒，理智客觀理解，並感悟市場的熱情，分辨有可能造成趨勢轉折的潛藏內因，為「平均數復歸」造成的下跌提供論據基礎。當轉折發生後，同樣順應趨勢並堅持耐心等待，警惕那些被市場所誤讀的因素，找到可以製造上漲的「平均數復歸」機會。也就是說，只有做到尋找「平均數復歸」並「順勢」時，完美的投資報酬率才會大幅上升，風險也能被避免。對「平均數復歸」現象的實踐應用，建立在影響市場的重要因素、甚至理解大眾情緒的基礎之上，只有擁有豐富經驗的投資者才有可能做到這些，這是讓人痛苦，但又不得不做的事情。

漲聲股利
當眾人對股市的看法都一樣時，你就該落跑了

五、如何最大化利用「平均數復歸」

1.「平均數復歸」只是復歸均值嗎？

我們怎樣才能使平均數復歸最大化呢？我們在尋求安全性的同時，更希望用它為自己創造更大的利潤空間。根據第二章第三節中的種種分析結果可以看出，利用市場上普遍流行的錯誤看法，可以為我們贏得不錯的報酬，如大家敏感的公司業績、被人嫌棄的冷門股，或熊市中造成股價大幅下跌的利空因素等，它們之所以能夠為我們帶來報酬，是因為它們被市場的預期過分外推。如果是這樣，我們就只需找到那些容易被市場過分外推的地方，也許在那裡將會有更多驚喜。

我們都知道，牛市中極端的投資熱情，往往會將那些魚目混珠公司的股票價格，推至讓人無法理解的高度；同樣，熊市也往往會使那些已經跌破正常價值的公司，陷入價格更低的困境，尤其是當這些公司在熊市之中遭遇突發的「黑天鵝」情況之時，我可以用自己的親身經歷來講述曾經發生過的這種情況。

2008年金融危機爆發，當市場上所有股票已經跌得面目全非時，又發生了「毒奶粉事件」。中國的乳業公司打著國家免檢的旗號，在市場中銷售添加有三聚氰胺的乳製品。一時間新聞報導鋪天蓋地，導致人心惶恐，那段時期人們甚至不敢再吃乳製品了，即使是良心公司的牛乳製品也同樣遭遇滑鐵盧。

第二章 「人棄我取，人取我予」
五、如何最大化利用「平均數復歸」

在投資市場中，人們同樣將這一噩耗過分外推，導致上市的中國規模最大、營業額最高的乳製品企業——伊利股份，遭遇重大挫折，金融危機已使其股價下跌了50%，三個月內其再次下跌了近60%的市值。此時伊利股份徹底成了被人嫌棄、無人問津的冷門股票，有人甚至改買其他食品來代替乳製品。

但牛奶畢竟是牛奶，人們已習慣了把牛奶當作營養品，不可能因這些原因而改變。基於此想法，我下定決心研究人們在過去多年平均消耗牛奶的數據，並發現這些數據與此時的極端數據形成強烈反差，讓我感到大眾的恐慌與過激的情緒。恐慌終究會過去，我感覺情況並沒有想像中那樣糟糕，於是買入了對於我來說數量較多的伊利公司股票，而後來發生的一切證實了我的判斷。中國開始監督乳業並向民眾承諾保證食品安全，人們對牛乳製品的信心逐漸恢復，伊利這家曾被恐慌情緒所誤傷的公司也終於雲開霧散再見曙光。在恐慌過去僅僅兩年後，伊利公司的股價便已經上漲了567%，漲幅驚人，而我也在獲得高於三倍利潤之後提前順利出局。這段投資經歷也讓我對於正確的決策和投資直覺有了更深刻的體會。

市場常常會用這種方式來獎賞那些敢於與眾不同、勇於糾正市場偏差的投資者。這些被人們拋棄並迴避的股票報酬，往往能夠大幅超越均值水準。在對平均數復歸現象的研究中，我們經常會發現：很多公司在遇到諸如此類的情況時，其股票價格走勢往往會呈現兩個極端，其原因大多是由大眾情緒所造成。此復歸過程更傾向於「低於均值—

漲聲股利
當眾人對股市的看法都一樣時，你就該落跑了

復歸均值—超越均值」，就像我持有伊利股份時，如果能提早意識到這一點，便可以在恐慌弱化後仍然繼續堅定持有，獲取更高的收益。

2. 用市場中流行的方式超越「平均數復歸」

在我們的想像中，專業投資者能理解投資的實質因素，會仔細評價公司提交的各種文件、財務數據，計算出所有可能性，並在了解內在價值後，理智做出可靠的投資決策。如果事實真的是這樣，那麼市場中很少會出現大漲大跌的股票，實際上，即使是專業投資者也很難區分股票的好壞。

通常，專業投資者會利用大量的專業方法分析股票的趨勢，但由於過度追逐資金報酬率，他們大多數始終不能停止追捧「熱門股」。試想一下，大量的資金透過所謂「專業」分析進入市場，當某類股票在市場中流行的時候，資金就會流入這類股票之中，致使熱門股的熱效應更加突出。而這些被市場熱捧的流行股在醞釀了大量風險的同時，也讓市場投資者疏忽了冷門的價值股，這也為投資者提供了寶貴的平均數復歸的機會。

那麼我們也可以用市場中流行的方式，檢驗平均數復歸的可靠性，比如透過機構在不同時期採用的技術及財務指標，就可以了解他們是如何高估或低估某些股票的了。

第二章 「人棄我取，人取我予」
五、如何最大化利用「平均數復歸」

3.「PEG」與「平均數復歸」

二十世紀末，英國投資大師史萊特（Jim Slater）將對[8]PEG 指標的分析方法推向美國市場，並贏得了大量專業投資者的回應。此後許多年，人們將這一方法發揚光大，使得此投資理念深入人心。

PEG 計算方法：

PEG ＝ PE（本益比）÷ 盈利成長比率（EPS 成長率）

史萊特認為，PEG 將股票當前的價值和它未來的成長聯繫，如某股票目前的本益比為 40 倍，其未來十年的預期每股收益複合成長率為 40％，那麼這支股票的 PEG 是 1。當 PEG 等於 1 時，表明市場對這支股票的估值，體現了其未來業績的成長性；當 PEG 大於 1，則這支股票的價值就有可能被市場高估；當 PEG 小於 1 時，則代表市場有可能低估了這支股票的價值。PEG 指標選股法最大的優勢，是綜合考量了股票的價值和成長性，用這種方法可以找出相對於盈利成長率來說本益比較低的股票。PEG 側重於公司的成長性，適用於尋找相對於高成長率來說本益比較低的股票，即 PEG 可以用於尋找高成長公司中被低估的股票。另外，用 PEG 指標選股還有一些輔助條件：

① 盡量選擇上市時期至少三年且市值小的公司為標的股（一般情況下，市值小的公司成長性會更佳，且上市一段時期後財務趨於穩定）。

② 關注資產負債率及現金流等財務指標（資產負債率低、現金

8　PEG 指標，指本益比相對盈利成長比率。

漲聲股利
當眾人對股市的看法都一樣時，你就該落跑了

流充裕表明公司財務狀況更加穩健）。
③ 選取過去三年有成長紀錄的股票。
④ 避開有明顯週期性的產業，如鋼鐵、醫藥等。
⑤ 選擇相對於指數明顯強勢的股票。

根據以上條件，我們選取了 2010—2012 年在市場中小企業板塊中，PEG 最優及 PEG 最差的兩個組合作為「優選組合」和「差選組合」，並透過表 2-3 和表 2-4 展示其在牛熊市中的股價變化。

表 2-3 2010—2012 年 PEG 優選組合

表 2-3 2010—2012 年 PEG 優選組合

股票代碼	2010 年 每股收益	2010 年 市盈率	2011 年 每股收益	2011 年 市盈率	2012 年 每股收益	2012 年 市盈率	每股收益增長率（%）	預期市盈率	市盈率相對盈利增長比
002527	0.53	18.62	0.56	8.86	0.66	6.48	11.76%	3.91	0.33
002175	0.06	60.5	0.09	26	0.1	19.9	30.56%	11.89	0.39
002033	0.09	111.89	0.71	10.23	0.84	8.1	353.6%	3.58	0.01
002016	0.2	28.15	0.18	17.94	0.37	14.95	47.78%	10.99	0.23
002327	0.95	6.18	1.55	4.66	1.62	3.7	33.84%	2.86	0.08
002144	0.32	50.59	0.46	27.17	0.76	15.86	54.49%	22.83	0.42
002352	0.32	29.22	0.53	11.28	0.61	10.18	40.36%	4.32	0.11
002247	0.4	14.83	0.41	6.1	0.58	5.31	21.98%	3.4	0.15
002433	0.65	12.28	0.74	7.04	0.88	8.15	16.39%	7.05	0.43
002293	1.49	8.73	2.66	5.16	2.72	2.78	40.39%	1.57	0.04

第二章 「人棄我取，人取我予」
五、如何最大化利用「平均數復歸」

表 2-4 2010—2012 年 PEG 差選組合

表 2-4　2010—2012 年 PEG 差選組合

股票代碼	2010年 每股收益	2010年 市盈率	2011年 每股收益	2011年 市盈率	2012年 每股收益	2012年 市盈率	每股收益增長率（%）	預期市盈率	市盈率相對盈利增長比
002184	0.14	118.21	0.09	17.82	0.01	115.75	-62.3	653.55	-10.49
002272	0.45	19.8	0.34	13.12	0.04	152.25	-56.34	1,715.25	-30.44
002205	0.52	58.94	0.25	53.32	0.14	88.64	-47.96	138.9	-2.9
002295	0.47	25.34	0.1	77.2	0.03	205.33	-74.36	585.85	-7.88
002328	0.53	24.53	0.21	30.95	0.07	80	-72.96	153.86	-2.11
002290	0.63	39.86	0.41	26.44	0.12	69.33	-52.83	158.45	-3
002296	0.82	28.5	0.54	15.96	0.1	71.8	-57.82	181.61	3.14
002282	0.39	23.59	0.3	20.9	0.03	162.67	-56.54	705.13	-12.47
002526	0.68	18.59	0.53	12.19	0.08	72.25	-53.49	237.8	-4.45
002058	0.21	37.95	0.11	56.09	0.04	146	-55.63	297.9	-5.36

圖 2-5 表明，PEG「差選組合」在市場仍處於底部時弱於 PEG「優選組合」，但在市場牛市來臨初期開始變得強勁，大幅超越了「優選組合」，甚至在市場剛剛出現轉折時仍舊逆勢向上，漲幅高於「優選組合」近 80%，大獲全勝。但在市場出現轉折之後，PEG「差選組合」卻出現了非常嚴重的下跌，這讓我們不得不深究其中的原因：

漲聲股利
當眾人對股市的看法都一樣時,你就該落跑了

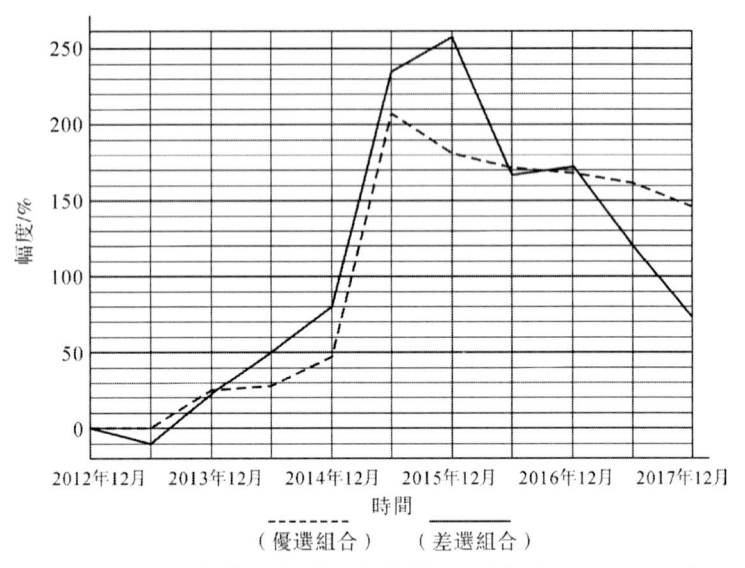

圖 2-5 市盈對盈利成長比率優選組合與差選組合股價追蹤（2013—2017 年）

① 市場中大部分公司都存在著週期性,即使我們盡量避開了選擇週期性產業的公司,卻仍逃脫不掉市場中普遍存在的週期性規律。

② 人們常常關注 PEG 優選的「熱門股」,而由於「平均數復歸」的特性,市場為 PEG 差選的「冷門股」製造了更多的上漲空間。

③ 此計算中包含著「預期」因素,而在市場迎來牛市時,人們的「預期」會發生變化,這會導致曾經的 PEG 差選股進入 PEG

第二章 「人棄我取，人取我予」
五、如何最大化利用「平均數復歸」

優選股的範圍，市場資金追逐的趨勢，增強了 PEG 差選股的上漲動力。

④ 當達到牛市峰值時，更多的股票變成了熱門股，為之後大幅向下運動的「平均數復歸」現象製造了機會，這也是 PEG 差選組合在暴漲之後又遭遇暴跌的重要原因。

綜上所述，如果希望獲取更大的投資收益，那麼當市場處於底部區域時，我們則應該利用 PEG 指標選股法，選擇那些被人們拋棄的冷門股票作為投資組合。當市場處於牛市時，我們更應該謹慎對待熱門股票，甚至應該直接將它們從投資組合中剔除，因為牛市期間的熱門股票，往往是之後市場經歷「平均數復歸」時最大的輸家。

這些都不難理解，執行起來卻非常難，因為我們都有著順趨勢「外推」的習慣，而依據趨勢反向考慮「平均數復歸」的方式會讓我們很不舒服。同理，買入股票趨勢向下的公司會覺得恐懼，反之才會感覺舒適。

還有種分析認為，如果某支股票的股價較基本面指標評估的價值低，該股勝過市場的可能性就越大。事實上股票的價值是動態變化的，在這個動態價值的基礎上，價格表現也很不穩定，沒有人能計算出某支股票的真實價值。因此，我們選擇股票絕不能將目光只放在所有人可以看到的地方，這樣做會很難發現那些給公司造成困境的問題。

漲聲股利
當眾人對股市的看法都一樣時，你就該落跑了

4. 利用「PEG」測量市場

2013 年之前，我們利用 PEG 指標選股法，分析出市場中存在著大量 PEG 低於 1 的公司，表明此時的市場處於底部區域，市場中大量的優質股票普遍被人們低估；但在 2015 年牛市之後，再運用此方法，卻很難得到合適的標的，說明此時的股價已經被嚴重高估了。到了 2018 年年底，在經歷了數次大跌之後，市場中再次充滿了 PEG 值普遍低於 1 的公司，這個訊號又一次表明市場處於底部區域。

利用「PEG」測量市場的原因是，在「PEG」的計算中包含著「預期」因素。「預期本益比」和「未來每股收益成長率」這兩大構成計算的因素，都會因投資者對市場的預期不同而變化，當市場處於牛市或熊市時，投資者會提高或降低對這兩個因素的預期。最重要的是，這些預期的改變是在人們投資過程中悄然發生，很難被注意到。

在我們利用 PEG 法測量市場時，應盡量關注狀況相對穩定的公司，因為這類公司能夠代表市場的大多數，測量結果也會更接近整體市場的狀況。

5. 績優股中的「平均數復歸」

「平均數復歸」也常常在績優股中出現。某些穩健的高成長性公司，會使其股票成為專業投資者中流行的股票。其中的原因可能在於，專業投資者的行為不僅是為了讓基金持有人的利益最大化，還會讓自己的投資顯得更「謹慎」和「有價值」，以此證明自己選擇的合理性，

第二章 「人棄我取,人取我予」
五、如何最大化利用「平均數復歸」

並讓基金持有者感覺更「安全」。

我們理解被市場一致追捧的公司出現平均數復歸的可能性極高。如果根據市場上流行的指標來判斷,很可能會覺得該公司已被市場高估。現實中,市場情緒導致的下跌會提高股票「平均數復歸」的可能性。如今我們再用「平均數復歸」模型分析,會發現市場有可能再次因過分外推而高估了這支股票的價格,此時投資此類公司股票的報酬率,很可能會在未來市場轉暖後的很長時期內大幅低於具有「平均數復歸」特性的股票的平均水準,而在市場再次下跌時出現大幅高於平均水準的下降。

6. 警惕牛市中的「高成長股」和「熱門股」

作為專業投資者,輸與贏不是最重要,重要的是如何在市場中存活下來。

追逐「熱門股」為我們帶來的,不僅是低於預期的報酬率,還有可能帶來毀滅性打擊。在這個競爭激烈的市場中能夠避開危險的區域,為自己創造更多生存條件,才是重中之重。而牛市中出現的高成長股和熱門股,常常是引起巨大風險的導火線。那些研究公司財務報表情況的交易者們,在拿到早已被公司管理階級「粉飾」過的報表時,這些報表就已經成為過去式了,下面我們就來看一個案例。

自 1997 年某牌電子在市場掛牌上市後,至 2001 年上半年,其以每年 50％淨利潤成長成為優秀的上市公司,並得到了市場投資者的青

漲聲股利
當眾人對股市的看法都一樣時，你就該落跑了

睞。在此期間，公司股票價格更是上漲了 60 多倍，成為當之無愧的績優股。某牌電子的招股說明書中稱，主營電腦鍵盤的生產、銷售，募集的資金，主要用來擴大主營產品的生產，以及電網自動化管理系統技術改造。

某牌電子公司在股份制改造的同時，發行了員工股。當時公司規定由老闆帶頭，員工最少認購五萬元的內部員工股票。某牌電子公司內部員工股在 1999 年正式上市之前，經歷過幾次大比例的送配，員工的持股數量成長了 84 倍，按照內部員工股上市流通日股票價格來計算，公司內部持股員工最少將獲得三百多萬元的收益，公司誕生了幾百名富翁，一時間在 A 股市場中引起轟動，股價更是迭創新高。

二十一世紀初，全球資訊科技股興起，某牌電子公司也不失時機搭上了這班順風車。2000 年 3 月 7 日，某牌電子公司第二屆九次董事會中決定成立子公司，並將在網路基礎建設、線上資訊平台、電子商務交易平台三個方面開發，正式進軍科技網路。

亮眼的業績、極高的股價，使某牌電子公司的股票廣受追捧；然而到了 2000 年底，某牌電子的股票在經歷了短期的反彈之後，無故暴跌 30%，這讓市場投資者隱約感到不安。2001 年年初，某牌電子公司推出了巨額融資方案，遭到了政府的持續調查和否決。2001 年 7 月，其股價開始暴跌，截至同年 11 月，其股價總共下跌超過 70%，令人咋舌。在多方壓力下，同年 10 月，某牌電子公司承認其在資訊披露和公司利潤方面存在問題，隨後的調查更是震驚了市場投資者。

第二章 「人棄我取，人取我予」
五、如何最大化利用「平均數復歸」

調查發現，其公司之所以業績持續成長，是因為公司將違規炒股所得利潤，補充進主營業務利潤中。當 2001 年某牌電子年報披露時人們才發現，其真實的業績相比，2000 年下降了一半，同時其公司也被戴上了「ST（Special Treatment）」的帽子；而先前公司參與科技網路的計畫，也隨著科技網路泡沫的破滅不了了之。

我們要對熱門股票保持警惕，防範隱藏在光環下的風險。

7.「人棄我取，人取我予」是平均數復歸中的大智慧

投資市場中最大的風險，莫過於遭遇「黑天鵝」事件，它給我們帶來的傷害是最突然且最致命的。

「黑天鵝」事件與「平均數復歸」的收益性及風險性，同時具有凸值相關性，可能造成更大的收益或造成更嚴重的風險。

「黑天鵝」的不可控性及極端性，導致市場在一定的可控範圍內，呈現極大的「復歸」特性，而在跨越了可控界限之後便無法「復歸」。如美國股票市場經歷了數次崩盤或暴跌，由於市場不可能消失，便形成了介於可控與不可控之間的界限，只要這個界限還未被打破，市場指數便擁有了「平均數復歸」的潛力。而對於單一上市公司股票而言，因無法保證在其遭遇了極端事件之後不被股票市場剔除，因而這個界限可能會被跨越，從而導致其無法實現平均數復歸。

熊市時期出現的最大風險是「黑天鵝」事件，同時這也是未來能夠獲得超額報酬的機會；牛市時出現的最大機會是突然性的利好，同

漲聲股利
當眾人對股市的看法都一樣時，你就該落跑了

時這也將是未來造成崩潰的因素。

大多數負面「黑天鵝」事件，都是發生在市場毫無防範、或大眾認知達到一致的時候，人們普遍相信沒有風險才是最大的風險，因此在這種情況之下，保持對風險的防範意識非常重要。因投資者情緒造成瘋狂上漲的股票，更有可能遭遇「平均數復歸」的風險，我們需要識別風險並保持警惕。

平均數復歸是建立在反其道而行的基礎上，它可以讓我們習慣性避開市場中危險的區域，並將目光集中到有機會帶來超額回報的地方。投資市場中的大多數人都習慣隨波逐流，跟隨大多數人的意見通常會讓我們覺得更舒服、更安全，但這會導致我們的收益無法超越其他人的「舒適圈」，我們要學會探究自己不認同的觀點。通常在做出「逆向決策」前，越感覺困難、壓力和自我懷疑，越容易接近正確的時機。

當我們克服了這些困難做出選擇後，堅定的意志就會變得非常重要。我們必須忍受過程中有可能出現的各種反覆，同時還要判斷那些能夠導致形勢徹底發生變化的因素，如國家政策變化或產業、公司發生變化等，也就是說，我們需要同時具備堅定性和靈活性。

我們要為實現最大化的利益做出努力，在參與「博傻（Greater Fool）」之時始終保持警惕，不能被大眾的情緒所影響。

平均數復歸是市場中的大智慧，更是對人性的反思，但如果想要在長期的投資生涯裡有所獲得，我們就必須利用市場中的錯誤，依靠清醒理智的逆向思維投資法，勇敢突破人性的束縛，而這一切常常源

第二章 「人棄我取,人取我予」
五、如何最大化利用「平均數復歸」

於「人棄我取,人取我予」。

8.「平均數復歸」賦予投資理論的突破性

1960年代,金融學家尤金·法瑪(Eugene Francis Fama,EMH)提出的「效率市場理論」風靡投資世界,透過「效率市場理論」來解讀當前股票價格,是建立在投資者充分解讀目前市場的公開資訊上,而做出交易的結果。基於此理論,市場中產生消息或預期,導致股價達到公允價格;但在實踐中,投資者卻遇到了各種難以解釋的問題。

首先,投資者在大量的失敗投機中,發現股票的價格走勢更趨向於隨機性,在任何時候股票的價格都有可能上漲或下跌,市場中所有已知的數據無法幫助投資者準確預測;其次,對於市場中的資訊,人們會有不同的理解,這更加無法解釋所有資訊完全反應在股價變動上的說法了。投資者們對這一理論盲目追逐後的慘痛失敗,又導致了「無效市場論」的出現。

「無效市場論」認為投資者在投資過程中的認知存在缺陷,投資者在對待股票市場時始終存有不同偏見,從而造成了市場波動。基於「無效市場論」的股票市場,顯然應該是個因不同認知相互作用,而永遠小幅波動的市場。但「無效市場論」能夠說明市場波動的原因,卻無法解釋市場中常常存在的集體偏見及非理性現象。

美國心理學家丹尼爾·康納曼(Daniel Kahneman)提出了展

漲聲股利
當眾人對股市的看法都一樣時，你就該落跑了

望理論（Prospect Theory），開始研究行為經濟學（Behavioral economics）。行為經濟學是以人為本的投資行為研究，是投資理論中的重大突破性進展。這種研究避免了以投資市場為基礎進行理論分析的局限性，強化了以投資者為主體，分析研究投資市場各種現象，解釋了市場中理性與非理性現象的投資者行為，如對於股價的趨勢性、股價泡沫的破裂、對市場資訊的過度反應等，其他理論無法觸及的問題。但在行為經濟學的研究中，卻始終無法判斷股票市場出現根本性轉折和大幅變化的時機。

　　這些難題使我開始研究市場中「平均數復歸」的現象，而將此現象理解為投資者行為與客觀的投資市場互動的關係再合適不過。由於「平均數復歸」現象在金融行為學的人為因素中，加入了客觀的市場規律因素，這使得投資者更有可能推測到在股票市場中發生大趨勢的轉變時機。「平均數復歸理論」以整體股票投資市場是個相對穩定的大框架為基礎，在這個框架中，投資者的行為在某些時期由於某些原因，會發生大變化，而這種大變化發生的根本條件，就是在這個框架內投資者的過度投機行為。而投資者對過度投機行為的糾正，造就了「平均數復歸」現象，這是我對「平均數復歸」現象在股票投資實踐中的突破性研究結論。

　　與現實世界相同，投資市場也在不停變化，這源於人類投資行為的進化。結合了行為經濟學的「平均數復歸」理論，則能夠更加適應投資市場的變化，因為它所具有的強大適應性，將成為投資市場中的

第二章 「人棄我取,人取我予」
五、如何最大化利用「平均數復歸」

終極框架,未來所有市場投資行為的變化,都會存在於這個框架之內。

漲聲股利
當眾人對股市的看法都一樣時，你就該落跑了

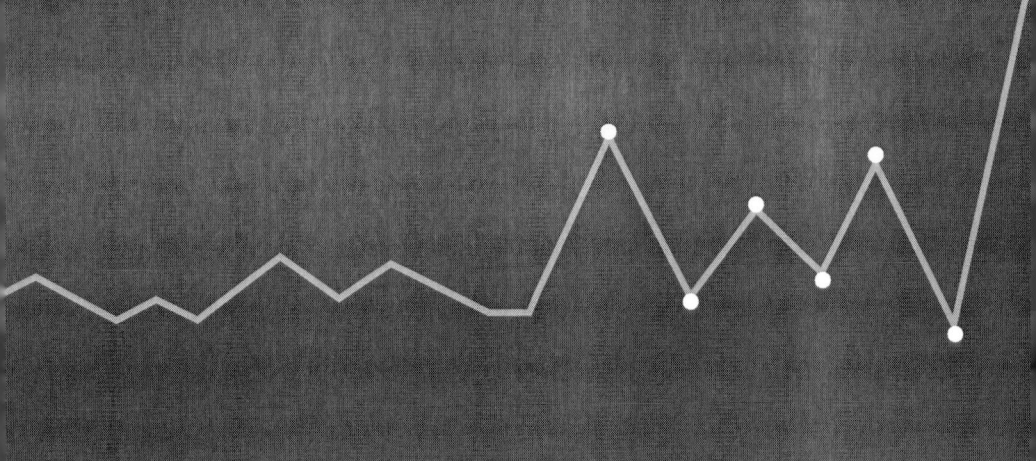

第三章 「智、勇、仁、強」

漲聲股利
當眾人對股市的看法都一樣時，你就該落跑了

　　投資更像是生態學，生存與消亡始終相互博弈。這是個動態的社會，一切都不會一直保持原始的狀態，我們需要累積大量的經驗並不斷驗證。經驗是在經歷挫折後沉澱出的直覺，不斷累積的投資經驗，可以使我們自覺避開投資中容易出現的風險，並把握住投資機會。

　　想要在競爭激烈的市場中處於不敗之地，僅憑某種單一的理論無法做到。我們還需將經驗作為框架，將實踐所得置入其中，使其相互融通，提高投資者應對市場變化的適應性。

第三章 「智、勇、仁、強」
一、「智」——知識經驗的整合

一、「智」——知識經驗的整合

在投資領域裡，各種實踐理論相互交織，並且不斷發展。投資需要綜合理解，我們要透過學習和實踐去改變投資生涯。如果投資者只擁有單一視角，即使在市場上取得成功，也不過是一時僥倖。作為普通人，是否可以獲得更多了解的途徑呢？答案是肯定的，起碼你有機會嘗試。

每個人所接觸的領域各有不同，經驗也不同，我們可以試著把每個人生活和工作的不同經驗融入知識系統中，獲得對市場更多的了解。將獨立的知識串聯起來，幫助我們更好建立統一的思維模式，是成功投資的有效方式。

當透過各種知識和角度獲得的觀點、結論相互印證時，投資的決策才更可能是正確的，認真研究它們之間的相互聯繫，將獲得更大的把握。將知識融會貫通，除了能夠引導投資行為，也能促進人們的工作和生活。

建立結構化思維模式很重要，這種模式的寬度代表你所接觸知識領域的數量；長度代表每個知識被掌握和理解的程度；而高度則代表對這些知識的領悟，我們需要做到深入淺出。

1. 沙堆的臨界狀態

丹麥理論物理學家皮爾·巴克（Per Bak）曾提出：小事件的連鎖

漲聲股利
當眾人對股市的看法都一樣時，你就該落跑了

反應，會導致系統的大災難。在經典的沙堆效應裡，沙子一粒粒掉落到地面上，形成小沙堆。隨著沙子繼續掉落，沙堆逐漸升高，當達到無法繼續升高的高度，即達到了臨界點，並處在不穩定的邊緣時，沙粒下落便可能造成沙堆坍塌。有兩點需要注意：

① 當達到臨界狀態時，小事件會導致大事件發生；
② 沙堆的高度取決於沙堆底基的大小。

當市場牛市上漲時，每一筆投入股票市場的資金，都如同掉落在沙堆上的沙子。當瘋狂的牛市接近尾聲時便處於不穩定狀態，這時往往會因為某一影響市場的小事件，導致整體市場崩潰。

我們還可以把基礎交易者看作沙堆底基，沙堆的高度取決於沙堆底基的大小，把跟風者看作沙堆的上半部。基礎交易者是依據股票的內在價值來交易，當股價攀升時，跟風者所占比例也逐漸升高。隨著股價上升，大量跟風者被吸引進市場，他們進一步推高了股價，「泡沫」隨即產生，沙堆的坍塌風險便自然增加。

2015 年，跟風者的大量借貸資金湧入市場，推高了市場價格，並導致泡沫一再增大，而之後出現股市暴跌，則是沙堆處於臨界狀態下造成的崩塌，這次崩塌是由槓桿資金過大過急進入市場所導致。

2. 市場永遠處於動態非平衡狀態

投資市場在試圖創造均衡的過程中，始終處於波動狀態，這種波動屬於非動態平衡或緩慢動態平衡，其特徵為：

第三章 「智、勇、仁、強」
一、「智」——知識經驗的整合

① 市場內所有事件相互聯繫、互相影響,市場情況由無數投資者決策的相互作用所構成。
② 沒有壟斷控制,市場內不存在絕對控制者。
③ 沒有絕對平衡,始終追求平衡卻無法達到真正平衡。
④ 持續適應,市場系統不斷進化以適應新環境。
⑤ 持續博弈性。某個有效策略的普及,導致收益下降,並促使其他策略的產生。如大量資金湧入新股申購,導致新股的中籤率明顯下降,從而降低了投資者的平均收益,並增加了投資者新開戶的數量;另外,在類股輪動(Sector Rotation)、概念股炒作等,均能見到市場的博弈性。

3. 共振效應

共振效應最初是物理學上的一個概念。當物體受到外界干擾時,其運動規律如與干擾頻率一致,就產生了共振效應。軍隊路過橋梁的時,必須小跑而不能齊步走,原因就是軍隊齊步走便形成共振,力量足以踩垮一座橋梁。

股市中也存在共振效應,股票的價格運動會以其內在價值為中心點而上下擺動。當這種「擺動」與外在環境因素一致時,股票的價格往往會大幅度偏離其中心點,這便是股市中的共振效應。

①共振的形成

上漲和下跌由共振所影響,不同類型的市場參與者因不同理由買

漲聲股利
當眾人對股市的看法都一樣時，你就該落跑了

入和賣出股票。當由於某一因素，形成趨向一致的操作時，市場產生了共鳴，吸引了更多參與者加入，從而強化了共振效應。市場常常能夠在高漲階段吸引更多的不穩定投機者進入。在逐漸高漲的行情中，長期投資者逐漸減少手中股票，這些股票轉而進入不穩定投機者的腰包中，並被賣給更加不理智的投機交易者，這時的市場也就形成了強烈的向上集體共振。

②共振的瓦解和再次形成

當市場到達牛市頂端時，個別不穩定的投資者會對市場感到擔心，由於最終沒有交易者來接盤，某些市場中不穩定的參與者會選擇頻繁交易手中的籌碼，通常在這時，牛市頂端會出現大幅震盪，這就是投機者的不穩定狀態所造成的，因此先前促使股市上漲的共振效應便開始瓦解。

具有相同選擇的人增加，市場便出現了波動，更多不穩定的交易者開始拋售股票，尤其在此過程中突然出現的影響市場的利空因素，導致大量交易者急於拋售手中股票，此時反向的共振效應開始形成，拋售變得更加瘋狂。在幻想逐漸破滅的過程中，那些不理智的短期交易者逐漸失去了手中的股票和資金，最終大部分的股票又回到了那些理智清醒的長期投資者手中，耐心等待下一波牛市的來臨；而那些經歷痛苦的不穩定交易者，即使在下一波牛市過程中，也不敢輕易嘗試買入股票了。

理解了市場中的共振效應，就能解釋為什麼在牛市中那些熱門股，

第三章 「智、勇、仁、強」
一、「智」——知識經驗的整合

會被人們追捧至離奇高價,而在熊市時冷門股的價格會變得低之又低。同時也會明白,投資者逐漸建立信心的過程,會使熊市轉變為牛市的過程變得漫長而波折,共振卻會使牛市快速轉變為熊市。了解市場中的這種特性,讓我們在極端行情時理解市場內在的運行原因,從而冷靜理智判斷。

4. 避開市場中的混沌狀態

近二十年來,人類對於混沌現象(發生在確定性系統中貌似隨機的不規則運動)的研究,正改變著數理科學工作者對決定性和機率性描述的認識。科學家研究發現:在十分規律的運動狀態下,即使出現極其細微的變化,也會導致混沌狀態出現。這種狀態具有不確定性、不可重複性和不可預測性的特點,股票市場即如此。

想精確定義股票市場的短期波動並不容易,任何投資者都希望合理解釋股票市場每天的運行,但沒有人能夠持續做到這一點,人們忽視了其中的混沌現象。

人們無法定義股票市場的變化的原因,是因為股票價格的變動會受到社會、市場、公司資訊及人們的情緒和對各種資訊解讀程度的影響。這也說明了股票短期價格的變化具有未知的複雜性,而短期交易者被市場中的「雜訊」干擾,深深陷入無法預測的混沌狀態中。

在股票市場中,長期的市場走勢更能有效影響投資者的收益狀況。一名成功的投資者勢必與成功的長期投資行為相伴,只有用長遠的目

漲聲股利
當眾人對股市的看法都一樣時，你就該落跑了

光來看待整體市場，才能更容易理解包含在長期投資中的無數個短期混沌狀態。因此，相對於短期投機交易者來說，長期投資者更能夠有效預測及分析市場的發展方向，只有忽視那些短期市場雜訊的長期投資決策，才會為投資者帶來成功的可能。

股票市場的短期波動，誘惑著投資者放棄理性，轉而嘗試搏殺，這樣做的結果卻始終不容樂觀。這些投資者往往會被股票市場中的短期波動搞得暈頭轉向，最糟糕的是習慣於目光短淺的投資行為，嚴重削弱投資者對於市場長期投資分析決策的能力。長期投資策略雖然在短期市場的波動中表現得相對被動，但對於市場長期發展來說，這些市場短期波動卻顯得非常渺小，甚至不值一提。

如此來說，投資者培養長期投資的決策分析習慣就顯得十分重要了。只有當投資者充分了解長期投資所帶來的好處時，才能夠放棄短期投資的欲望，抵禦市場波動帶來的誘惑，盡可能避開股票市場中短期不可控的混沌狀態。

5. 分辨市場的聲音

市場中充斥著各種紛繁雜亂的資訊，我們必須學會去偽存真。

資訊從源頭到目的地的過程中，會出現很多誤差，我們需要追溯資訊的源頭，保證資訊的完整性及真實性，盡可能校正，降低誤差。我們要隨時自查是否被市場資訊所誤導，或是否因為偏見而曲解，並警惕因自身的問題造成的投資策略錯誤。

第三章 「智、勇、仁、強」
一、「智」——知識經驗的整合

關於如何分辨資訊，有些好方法可以作為參考。當我們接收到市場資訊時，請勿盲目理解分析，可以列出資訊並在資訊的後面備註上你的感悟，這些理解可以是與資訊表面所傳達的意義完全相反，也可以是資訊背後真正的意圖。然後我們從中仔細分析哪種理解更接近事件的真相。這樣的習慣一旦養成，就可以大大降低誤差，並有效避免錯覺，且更易掌控市場出現的變化。

常用這種方法鍛鍊對市場資訊的糾錯能力，對投資者來說非常有益。同樣，善於觀察並認真對待市場中偶爾出現的細節資訊，對執行正確的決策也有積極的作用。

記得先前以資訊科技為動力發展而出現的大牛市後期，巨大的泡沫使一切失去理智，企業的 CEO 甚至只要在名片上加一個電子郵箱或簡單建立公司的網站，就會被市場交易者認為是企業進入電子商務平台的標誌，股價隨即在無數投資者的熱烈追捧下上漲。之後政府開始逐漸干預這種瘋狂的投機行為，當央行屢次提高銀行利息，收緊貨幣供應之後，瘋狂的市場仍然沒有停止腳步，屢創新高的股價使得懼怕泡沫被戳破而拋售股票的人頻頻踏錯步伐、追悔莫及。

在意識到潛在的巨大風險後，我開始逐步清空股票倉位，但市場何時才會反轉，我無法看清，既怕災難突然降臨，又擔心錯失機會，這種矛盾的心情始終縈繞腦海。於是我開始關注身邊的細節，比如到交易所內感受交易者狂熱的情緒，甚至到菜市場與商販交談以了解他們對股市的看法等，無非是想找到一個對我最有利的出逃時機。我有

漲聲股利
當眾人對股市的看法都一樣時，你就該落跑了

一些朋友從來不碰股票，他們熱衷於期貨、外匯或其他貴金屬的交易；但股票市場的巨大誘惑力，使他們將資產全部轉移到股票投機中，這更加讓我有了危機感。

重要的是，當市場中類似的情況普遍發生時，股票市場中就會充滿各色脆弱的短期投機者。當市場主導權被此類投機者獲得後，市場就會變得岌岌可危。因此了解市場中投機者的素養，比了解他們所投機的股票更重要，這正是我苦苦尋找能夠拋掉所有股票離場的最佳時機。我將剩餘股票全部賣出之後告訴了朋友，並告知他們風險即將來臨，但他們並不認同。

就在我拋光了所有股票的第三天，市場徹底崩潰了。

經驗證明，在極端市場中分析細節的變化，往往能夠讓你在保持清醒理智的同時，及時規避市場中的極端風險，做到利益最大化。

6. 大數據背景下的「坑」

在科技發展造福人類的今天，也會發生一些讓我們無法釋懷的事情，「大數據」便是其中之一。何為大數據呢？舉例來說，當你在網路上訂外送時，數據會根據你曾經的點餐偏好給你提示，比如你偏好中餐或是西餐、咖哩或椒鹽，有哪些你喜歡的餐廳離你最近，常吃的幾家餐廳中哪家的折扣更大，諸如此類。這些都是根據你以往的選擇習慣所生成的大數據，讓我們在體驗快捷便利的同時，也感受到智慧數據的可怕。

第三章 「智、勇、仁、強」
一、「智」——知識經驗的整合

在這個紛繁雜亂的投資市場中，散戶投資者經常表現得像一盤散沙。投資機構透過對散戶投資者的投資情緒、趨向、追逐的焦點，甚至買賣習慣，進行大數據集合分析，輕鬆洞察到短時期內大眾投資者的資金走向以及未來趨向。這讓我們不由得深思：究竟如何才能避開機構投資者的圍追堵截，逃避被獵殺的厄運呢？

投機者在市場短期影響下所做出對風險及利益的過度反應，通常會被投資機構洞察，也會被這些投資機構所利用。股票市場的長期趨勢受不同因素交叉影響，在這種影響下，市場不存在絕對的壟斷控制。在市場的一段長期趨勢中，資金雄厚的機構即使對某些階段的漲跌造成干擾，也不會影響到整體趨勢，小投機者則會被趨勢中存在的無數小波動所誘惑。針對小波動投機，會造成投機成本大幅增加，實為不智之舉。

而基於理性分析的長期投資，恰恰能夠使我們避開這一劣勢。拋棄那些目光短淺的追漲殺跌行為，培養自己不為短期利益所惑，才能夠身處更安全的區域中。

7. 拒絕「拿來即用」

人們研究同樣的分析報告，接收同樣的市場資訊，如果想做得比別人好，就要以與眾不同的方式解釋這些資訊和數據。我們需要不同的資訊和實踐經驗，並以評判性的思維和不同的角度審視它們，並非看得越多才懂得越多。如果我們想要識別風險，就必須永遠保持開放

漲聲股利
當眾人對股市的看法都一樣時，你就該落跑了

的思維和敏感的嗅覺。

　　真正的交易者，要懂得從生活中發現並預測資訊，而不僅僅是從股市評論家那裡獲得建議。我們需要告訴自己：任何能夠在交易市場中得到的資訊都已經被表現在行情中了，那些在交易所裡人皆盡知的消息是沒有意義的。

　　市場是個複雜的系統，具有博弈性和進化性。我們需要提高自己理解市場的能力，透過思考消除疑慮、形成正確的意識，這樣就會養成習慣。股票市場中的理論分析或操作方法，都只適用於特定的情況，如果我們只是將這些方法或理論「拿來即用」，而不考慮市場當下的狀況，就會非常糟糕。如投資者在牛市尾聲的價值投資，或在牛市初期過分對風險規避進行的操作，無疑會對我們的投資非常不利。

　　隨著人類的發展、科學的進步，我們清楚認識到，之前所學到的理論和知識並不是絕對的。我們要對知識深入理解，探明其內在道理，成為有識別能力的人，而不只是「拿來即用」。

8. 累積才能創新

　　經驗的累積就是不斷試錯的過程，在這個過程中，理論指導著實踐，實踐再促進理論不斷完善。在本書第三章第四節中所講述的西方股票市場投資理論史的演化過程，便是理論與實踐的不斷累積和完善。

　　英國認知神經學家馬克·強生（Mark H. Johnson）在他的著作《從自然到使然：心理成熟背後的大腦機制（Developmental

第三章 「智、勇、仁、強」
一、「智」——知識經驗的整合

Cognitive Neuroscience)》中曾研究分析,成人大腦中各區域之間的神經網路的相互聯結性,如同各個村莊透過街道與快速公路互相聯結。這種最有效的思維模式,被稱為「格柵模式(Lattice of Mental Models)」,這種思維模式也被著名投資家華倫巴菲特的黃金搭檔查理孟格(Charles Thomas Munger)極力推崇。Robert G.Hagstrom 寫過一本《查理·孟格的智慧——投資的格柵理論(Latticework:The New Investing)》,其中提出建立「格柵思維」首先要了解盡可能多的知識,但不必成為各領域的專家。我們要做的是抓住那些真正有用的核心思想,並將這些知識理論聯結,拓寬分析事物的視野。查理·孟格用「格柵思維」更接近客觀真相的準確評估公司的內在價值。在本書第二章第四節中,關於如何最大化利用股票市場上普遍存在的「平均數復歸」,就是優化聯結性的表現。

這種思維模式能夠將更多更優的知識及經驗不同程度的聯結,從而創造出更有效的結果。有時這種思維與經驗的聯結還能有不可思議的突破,《黑天鵝效應:如何及早發現最不可能發生但總是發生的事(The Black Swan:The Impact of the Highly Improbable)》的作者納西姆·尼可拉斯·塔雷伯(Nassim Nicholas Taleb),在他的另一本書《反脆弱(Antifragile:Things That Gain from Disorder)》中表述,對於人類重要的、或被人類所接受的發明創造,往往來自非線性的過程(非線性的意思就是「所得非所望」,起始與結果不成比例,沒有推測性但具關聯性),每個看似獨立的知識或事

漲聲股利
當眾人對股市的看法都一樣時，你就該落跑了

物透過某種意義的聯結，又會產生新的知識和事物。

在投資的世界中經驗的重要性，在於充分累積之後的突破，我們有時稱這種突破為「悟性」或「直覺性」。當我們在投資實踐中獲得各種經驗時，要明白這些經驗都存在專屬性，某些經驗只適用於某一特定情況，在其他情況中卻無法給予投資者任何幫助，甚至還會導致不良後果。經驗通常是對過去的總結，並不一定能在未來複製成功。要時刻保持警惕，不要盲目利用自己或他人的經驗，這對於投資者來說有著重要的意義。

9. 現實與猜測的距離

我們在投資過程中研究理論、累積經驗，卻忽略了現實中遇到的問題會讓我們無法取得成功。

2009年年初，我參加了某中藥公司的股東大會。在那次股東大會中，除了我是公司的小股東外，其餘的股東都是銀行或大型基金的代表人。在會議中，我提出了一些針對公司前景與發展重點的問題，公司高層對這些問題的答覆讓我很滿意，且主管們對於公司業務及產業專業性的熟悉程度讓我印象深刻，並極為欽佩。事實上他們大多數都從基層開始，憑著自己的能力一直做到今天的管理職位。但當他們談到公司某一業務未來的發展時，我卻憂心忡忡。

這家中藥行歷史悠久，在人們心中有一定分量，原因在於他們非常重視藥材的品質，並具有精湛的藥品製作工藝。正因如此，我才會

第三章 「智、勇、仁、強」
一、「智」——知識經驗的整合

在市場大跌之後買入其公司的股票,並開始深入了解這家公司。該公司逐漸發展壯大,開始針對中藥產業多元化經營,其中特別發展中醫院,但當時中醫院已非常普遍,醫院間的競爭也很激烈,讓我對該中藥公司將要發展中醫院的規劃心存疑慮。正是這個原因,讓我在持有某中藥股票的半年後,便將其全部拋售。

但在之後四年的漫長熊市中,某中藥的股票卻一路走高,股價上漲了五倍之多,到了 2015 年的大牛市時,其最高點比我買入時上漲了整整七倍,而我卻只從中獲利了 30%。我曾經詢問過一位到該中醫院治療的親戚,他告訴我,人們常常很早就開始排隊等待開門、掛號、問診,在其他病友看來,能在這裡接受治療的病人非常幸運。

這使我深感後悔,並不是因為獲利少,而是為我沒有從現實出發,沒有客觀了解真實情況。這又一次讓我從失敗中得到了寶貴的經驗,在今後的投資路途上要更加重視現實生活,正如投資大師彼得·林區曾經說過的,我們要從生活中發現投資機會。

漲聲股利
當眾人對股市的看法都一樣時，你就該落跑了

二、「勇」——培養決策力，把握機會

人類的決策力是一種行為能力，做出選擇有時並不是因為我們知道自己一定是正確的，而是因為即使失敗，也能帶來寶貴的經驗。

有效的資金管理在於優秀的決策機制，然而具備勇氣的決策力，往往被人們看成非理性的行為。事實上，以實踐經驗為基礎的堅決果敢的態度，能夠使我們在面對艱難時，勇敢做出充滿信心的選擇。

在決策前，我們應該排除心理干擾，減少情緒問題帶來的不良後果，並做好應對錯誤的準備。我們應該在決定前剖析自己的情緒及心理狀況，以檢驗自己的想法是否正確，避免倉促選擇。

1. 克服心理障礙，培養決策能力

再好的投資策略和交易系統，都要經受交易心理的考驗。通常投資者非常難過心理這一關，獲得好的心態關鍵，是要學會如何掌控自己，避免急功近利，做到量力而行。下面我為讀者列舉幾種常常被忽視的交易心理問題，提高我們的警惕性：

① 「禍不單行，福無雙至」

普通投資者會發現，交易失敗常常具有連續性，而成功的交易卻很少重複，這其中也存在心理因素的影響。也許正是因為這樣，我們才不知不覺陷入了「賭徒謬論」中。在這種心理的影響下，交易者會在失敗後更加積極再次投入到交易中，所交易的資金甚至也會比先前

第三章 「智、勇、仁、強」
二、「勇」——培養決策力，把握機會

更多。他們希望依靠機率的勝算來挽回曾經的損失，並且經歷的失敗越多，越在潛意識中認為勝算的機率會變大，最終失去理智，輸掉所有。

我們知道，投資市場中並不普遍存在機率，市場的運行更多取決於其內在因素。

當交易成功時，投資者會沾沾自喜，把成功歸功於自己的明智，以致對市場放鬆警惕，這往往會為後面的慘敗埋下伏筆。我們需要克服這種心理狀態，保持理智並減少交易頻率，做到「輸時收手，贏時三思」。

②過度自信，失去判斷力

「在我們狂妄自大不可一世時，你應該抬頭看看晴朗的夜空，只有這樣才能發現自身的渺小與不足。」

過度自信可以說是大多數投資者的通病。過度自信既可以表現為過度相信自己的判斷力從而忽視其他客觀因素，也可以體現為不能準確認識自己的真實能力。

心理學家布瑞特・史丁巴格（Brett N.Steenbarger）在《從躺椅上操作：交易心理學（The Psychology of Trading：Tools and Techniques for Minding the Markets）》中寫道：現實中的人們往往更傾向於過度自信，人們相信自己所擁有的古董更具價值，也會認為自己的駕駛技術比其他人更好。投資市場中也是同理，人們認為自己所擁有的股票更有潛力，價格漲幅會更高，這種心理一旦轉變為過

漲聲股利
當眾人對股市的看法都一樣時，你就該落跑了

度自信，在遭受挫折時，便失去了對真實情況的判斷力。

要徹底消除這一心理障礙很不容易，因為人們很難分清自己究竟是在堅持正確的事情，還是已經陷入了過度自信。我們也可以試著用其他方法來減輕這一心理障礙對我們的影響，比如：在交易中設置適當的平倉保護，如10%停損、30%停利；降低預期報酬率；等等。

③逃避壓力，心理偏見

有很多情緒偏見都跟逃避心理壓力有關，人們總是希望將自己保持在一種輕鬆、愉悅的非壓力狀態，這是人類一種正常的自我保護機制，所以投資者總是會想辦法避免產生壓力情緒，但這種為了逃避不良情緒而做出的投資選擇，往往也是非理性的。

許多人在股票交易中因為害怕後悔，在大盤瘋長的時候逢高買入，結果大盤開始下跌了卻遲遲不賣，總希望有一天能夠漲回來。這種心理壓力無法及時停損。總體來說，人們投資前的衝動和投資後的放任僥倖，大多都是被逃避壓力的心理偏見所影響。

④預知能力，集中範圍

人的精力是有限的，認清我們自己的極限點，能夠幫助我們做出正確的判斷，避免因才疏志大、好高騖遠而導致的投資失利。

被譽為「美國共同基金之父」的投資大師羅伊·R·紐伯格（Roy R.Neuberger），在其漫長的投資生涯中始終告誡自己：「投資的成功是建立在既有的知識和經驗基礎上。最好在自己熟悉的領域專業投資，如果對它知之甚少，最好還是離它遠一點。」

第三章 「智、勇、仁、強」
二、「勇」——培養決策力,把握機會

我們在累積經驗、提高能力的同時,還需縮小自身的能力圈,讓我們在有限的投資範圍中更安全。在這個世界中,有時需要用減法才能獲得優勢。

⑤過度分析,患得患失

很難想像,當我們做出了正確的投資決策時,卻因過於謹慎擔心而過度分析,最終導致無法取得預期收益、或出現損失時的沮喪心情。市場中的確存在著這一類型的投資者,原因也許出於他們缺乏自信或過分保守,無法做出讓自己信服的投資決策。

我們在日常的新聞中也會看到類似情況發生。在 2008 年美國次貸危機後,全世界媒體都在報導此次危機對經濟造成的災難性影響,預測美國經濟將一蹶不振,讓投資者們終日惶恐。事後證明,美國的經濟並沒有遭受到毀滅性的打擊,美國的股票市場也很快表現出更強的向好趨勢,因此過度分析會造成理性的缺失,和無法挽回的決策性錯誤。

作為市場參與者,我們不必對每一個資訊面都過分關注,過度分析會增加對自己決策的不確定性,從而做出非理性決定。

⑥當機立斷,果斷取捨

佛曰:「以捨為得,得從捨處求。」一個人的成就越大,所捨棄的也越多,難捨能捨,無所不捨,方能難得所得,無所不得。

相反,在投資市場中,我們耗費的精力越多、花費的時間成本越長,就越難以捨棄,即使某些投資已經變得非常糟糕。在猶太經典《塔

漲聲股利
當眾人對股市的看法都一樣時，你就該落跑了

木德》中曾說，人的一生就是由大大小小的選擇所決定，所有的成功與失敗都是無數次選擇的結果。如果我們選擇放棄今天的錯誤交易，就有機會創造明天的正確，這些決定關係到未來的成敗。在投資中，大多數投資者取得的結果，更多取決於失敗投資的數量及程度，而不是致勝投資的偉大，良好的風險控制是優秀投資者的標誌。

巴菲特在1989年致股東的一封信中，敘述了自己作為波克夏·海瑟威公司（Berkshire Hathaway）控股股東在投資中所犯下的錯誤。他承認其最大的錯誤，就是當時儘管十分明白波克夏·海瑟威紡織公司的主營業務前途黯淡，但還是貪圖便宜買下了它。他認為如果以十分低的價格購買了一支股票，只要能抓住合適的機會脫手就可以獲得可觀的收益，但之後便意識到這個投資並不理想，並解釋說：「在面對一家四面楚歌的公司時，一個問題解決了，另一個問題又會接踵而來，就像廚房裡從來不會只有一隻蟑螂那樣。」這個交易最初的價格優勢，很快就被企業的低利潤所消耗，因為時間是好企業的朋友，同樣也是壞企業的敵人。對於這筆交易來說，出手的時間拖得越久，當初的交易成本就會變得越高，然而巴菲特卻錯過了最佳的出手時機。

在之後很長一段時間，這個企業就像個填不滿的無底洞那樣，讓他一點一點失望。終於在很多年後，他不得不徹底清算資產並將其改造成如今的波克夏·海瑟威，主營保險業務。他曾後悔，說如果當時這筆錢買入的是他一直認為資產優良的保險企業，那麼他的資產會比今天至少增加三百億美元。

第三章 「智、勇、仁、強」
二、「勇」──培養決策力,把握機會

實際上,投資的過程就是決策的過程,雖然沒有人能不犯錯,但避免身陷已知的錯誤,的確能為我們贏得更多成功的機會。

2. 用決策力來保障正確的預測

①市場中的「預測」與「不預測」

在投資市場上經常聽到有人說「不預測」,其實在投資市場中並不真正存在「不預測」,任何形式的分析方法得到的結果,都會包含很大的預測成分。市場中的預測行為並非對投資無利,相反,市場中的「不預測」卻危害很大。想像一下,如果投資者面對市場中的波動和混沌狀態時,只是機械性設置停損及停利點位,那麼他們基本上是依靠這些點位來決定自己在市場上的進出。對市場沒有任何形式的預判,通常會讓他們不停進出市場,頻繁操作,疲憊不堪甚至買高賣低,製造虧損,這顯然並不適應真正的市場。如果我們能謹慎預測並持續評判預測動態,就會更加有益。

納西姆·尼可拉斯·塔雷伯在其《反脆弱(Antifragile:Things That Gain from Disorder)》一書中曾表述,對於預測的事物,更重要的是在預測中加入更多確定性因素,如果我們在預測中使用了更多未知的因素,預測的準確性便會大打折扣。在股票投資中,我們也應遵循這一原則,盡量將更多已知因素加入預測中,而不是用猜測來預測。

漲聲股利
當眾人對股市的看法都一樣時,你就該落跑了

②預期性悖論

市場中有種情況是:大部分投資者對某種股票擁有共同的預期價格範圍。那麼現實的價格是否會超越預期價格呢?我們會發現,超過預期價格與未超過預期價格的回落都有可能。

交易者在追逐價格上漲期間,會因為其預期價格的逐漸臨近,而變得越來越謹慎。類似大量的謹慎交易,帶來的是當價格未達到預期便開始回落或震盪,而遇到市場中某些利好因素出現變化,哪怕只是微弱的向好改變時,交易者就會嘗試以高於其他交易者的價格買入股票,而這些能夠抬升股票價格的舉動,終會導致價格突破預期。價格突破能夠大大影響人們曾經預期的看法,甚至是在趨勢上造成顛覆性改變。這會導致交易者拋棄曾經的預期,主動支持能夠達到更高價格的積極因素和觀點。隨著對新觀點認同者數量的增多,價格最終會大幅度的上升,甚至形成長期趨勢。

但需要注意的是,一般情況下,在表現平平的市場環境中,更容易出現的是價格突破預期後,便快速大幅下跌,並刷新曾經的低點,而在價格向下出現新低點後,又會大幅度反轉上升。對這種情況的一種解釋是,市場環境的平常性,常常會造成大量散戶投資者的資金跟隨某些資金集中的投資機構操縱者,也就是說,總有某些大資金的操控者會利用交易者突破預期的心理來謀利。基於這種解釋,突破預期的同時,常常伴隨著交易者認知的崩潰和瓦解,由此出現大幅度反轉。要知道,「聰明的資金」是在大多數交易者擁有極端情緒的情況下盈

第三章 「智、勇、仁、強」
二、「勇」——培養決策力,把握機會

利。由此基本可以得出一個結論:在具有高博弈性的股票市場中,當投資者對股票預期趨勢傾向一致時,實際結果會讓大多數人失望,這就是股票市場中常常存在的「預期性悖論」。

③及時矯正「預測」保障安全

分析研究後,每個人都會對股票市場的未來有大致預期。當人們根據這些分析來預測市場能否按照自己的判斷發展時,需要了解的是:預測本身並無害,重要的是有了自己對未來市場的描繪後,如果出現與自己預判不一致的情況,哪怕只是微小細節發生錯誤時,都要足夠重視,必要時還要及時推翻自己先前對市場的期望。因為在這種情況下,市場經常會發生巨大變化,這樣做往往能夠在市場轉折時第一時間做出正確決策,避免因後知後覺導致的巨大虧損。但對市場的預判,需要與市場發生的變化相互印證,並以實際情況為根據,不可盲目決定。

預測要依據週期分析、公司的價值評判及市場理性程度等,並不是以單純的價格或圖表,及市場上流傳的消息來進行。分析是要發掘價格以外、並不引人注意的深層因素。

我曾經有過一段很有趣的投資經歷,讓我受益匪淺。

2010年上半年,在股票市場經歷了2008年的大跌和2009年的大幅震盪後,我開始對剛剛掛牌、唯一一支農業股票產生興趣。我每天都仔細觀察這支股票,研讀它的各種數據和報導。之後我確定要投資它,期限設定在一年左右。當這支股票的價格下跌到一個新低點,並

漲聲股利
當眾人對股市的看法都一樣時，你就該落跑了

不再繼續創出新低且逐步回升時，我開始買進它，並加入了借貸資金，但這部分借貸資金只占我自有投資金額的三分之一。使用適當比例的槓桿，有助於投資者保持耐心與理性，杜絕投資心理不穩定情況的發生。這支股票在上漲過程中，有過好幾次大幅度的價格震盪，我都熬了過去，我既沒有參與短期的買低賣高來博取差價，也沒有繼續增加或減少對這支股票的投資數額，而是安靜等待並堅持採集和分析與相關資訊。

半年後，行情開始由緩慢上漲變為大幅上升。我雖然沒有打算賣出這支股票，但還是隱約感覺到這種上升帶來的風險有所增加，因為不到半年的時間，我的帳面盈利就已經多出了一倍，這讓我有些警惕，畢竟我的資金裡使用了三分之一的槓桿。在經歷了一個不眠之夜後，我下定決心賣出這支股票中的槓桿部分，並繼續持有自有資金和當時獲得收益的部分。在經歷瘋狂上漲之後，這支股票震盪加劇，並開始不斷創出低點，由於我過分堅持長期投資的期限，耽誤了賣出的好時機；而當我終於下定決心全部拋出這支股票的時候，我的利潤已經縮減到了50%。

這次經歷讓我得到了三個寶貴經驗。第一，槓桿投資的風險很大，因為市場上什麼情況都有可能發生。但當這些突發事件出現時，正確比例的槓桿投資，卻可以增加我們的耐心和信心；第二，當我們在投資過程中感覺到風險在逐漸累積時，需要用有效的方法來降低我們額外承受的風險；第三，對於長期投資的時間計劃，需要根據不同的現

第三章 「智、勇、仁、強」
二、「勇」──培養決策力,把握機會

實情況調整。我們需要在投資中保持耐心和敏感。我們無法創造投資機會,堅持追求高收益會榨乾自己的利潤。

3. 堅持自信,相信直覺

在投資交易中過度自信或失去自信,都會帶來不良後果。要從市場的實際情況出發,堅持自信,相信直覺。

2015 年出現了槓桿大牛市,由於之前我對這波狂熱的槓桿牛市早有預判,當行情未完全見頂時我便全身而退,並在未加槓桿投資的情況下收穫了四倍多的盈利。我為自己在耐心潛伏後而得到超額報酬感到欣慰,也為在行情瘋漲時期理智退出感到幸運。但當行情再次上漲時,我又顧慮重重。一方面,我對這個狂熱的市場有著冷靜和堅定的判斷,而另一方面,我又很不解市場的熱度絲毫不減。政府多次強調,借貸投資槓桿的失控造成的投資過熱,將會引起災難,因此我做了兩種準備:第一,需要盡快證實自己對這波危險的判斷;第二,如果這種惡劣情況被控制而行情仍未結束,自己仍會繼續謹慎參與。

行情繼續上漲,直到有一天,出現了一則讓我充滿信心、並且能夠勇敢堅持下去的報導。投資的世界充滿危險,尤其是那些習慣了槓桿投資的人們,他們面對的風險往往會超過自己的承擔範圍,而投資失敗將會帶來更加痛苦的感受,很多人甚至因此一蹶不振。在那則報導中,有一位年輕男子攜帶了大額股票的帳單跳樓自殺,很顯然他是因為投資失敗無法償還貸款,而被逼入絕境。報導在惋惜年輕生命的

漲聲股利
當眾人對股市的看法都一樣時，你就該落跑了

　　同時，還重點強調了高比例借貸投資炒股的危險性。

　　這次突發事件，造成了槓桿資金借貸者的恐慌，政府也明確要干預這種情況，因此我有了更大的信心。我判斷斷層式下跌、人們瘋狂拋售的情況不遠了，因為曾有數據表明，那波牛市瘋漲期借貸投資的比例，已經超越了警戒線。我需要的就是靜觀其變，同時我也將自己的判斷告知了身邊的朋友，讓他們將手中持有的股票盡量拋售。

　　幾天之後，山崩地裂的股災開始上演，欣喜若狂的人們消失了，而我卻收穫了朋友們的感謝和信任。

　　這個事件讓我更加明白了要充分相信自己，堅定信念。

第三章 「智、勇、仁、強」
三、「仁」——「退其身而身先,外其身而身存」

三、「仁」——「退其身而身先,外其身而身存」

老子曰:「退其身而身先,外其身而身存。不以其無私歟,故能成其私。」

由此可見,將自己的利益退居其後,反而能處於優勢,將自己的得失置之度外,反而能得到更好的發展。這種不自私自利的行為,客觀上成就了功業,也成就了自己。

任何一家企業的管理階級,如果能把所有股東的利益擺在重要的位置,不損害股東的利益,那麼這個企業會受到尊敬和擁護,企業的發展也會更加穩定繁榮。

1. 老和尚的「仁」性

有則關於老和尚與股票投資的故事:

在一座廟裡,有位佛法高深的老和尚。一天,廟裡來了許多炒股的香客,希望菩薩保佑他們脫離苦海。老和尚心善,問其原因。香客們說,股票大跌,他們被深度套牢,賠了許多錢,不知怎樣才能脫離苦海。老和尚心想股票真是個壞東西,害了這麼多人,我佛慈悲,以救人為懷。於是他就傾盡廟中的香火錢來解救眾生,買進了那些讓人痛不欲生的股票。好多日子過去了,股市大漲,香客們又來廟中燒香,情緒激動,求股票快漲,都希望自己能夠擁有更多股票。老和尚不明白,怎麼股票又成了好東西?既然大家都想要股票,那就乾脆賣給他

漲聲股利
當眾人對股市的看法都一樣時，你就該落跑了

們吧。類似的情況出現多次之後，老和尚發現自己為廟裡賺了很多錢，大家紛紛向老和尚討教炒股的祕訣。老和尚無奈：「哪有什麼祕訣，我只是懷著一顆仁慈之心而已！」

很多失敗的投資都源於人性中的貪婪和恐懼，而老和尚恰恰是因「仁」獲利。

2. 擁有仁愛的協同觀念

「夫君子之行，靜以修身，儉以養德，非淡泊無以明志，非寧靜無以致遠。」「仁」不僅是慈愛之心，是謙卑的心態，更是超越大眾的修行，與人為善的態度。

《菜根譚》有云：「路徑窄處，留一步與行；滋味濃時，減三分讓人嘗。」人與人之間是利益協同的合作關係。在任何產業中，你的成功勢必會有他人幫襯；同樣，在幫助別人獲得成功時，自己也會有所收穫。由嫉妒產生的競爭，會帶來不良後果，會使我們失去理智，失去協同合作、吸取經驗的機會。

投資市場不是賭場，我們並不是處在零和賽局的對賭遊戲中，我們需要的是在這個繽紛多彩的世界中，了解並幫助身邊的每一個人，並在這個過程中提高能力。

投資市場裡存在著諸多形式的合作關係，包括經驗能力的交流、資金資產的合作互利、投資管道的合作、資訊資源的共享等。在與人合作的同時為他人利益著想，並發展自己，是我們一直以來追求的目

第三章 「智、勇、仁、強」
三、「仁」——「退其身而身先,外其身而身存」

標。「天下皆知取之為取,而莫知與之為取」,人們都認為只有獲取別人的東西才是收穫,卻不知道給予其實是一種更大的收穫。

我們每個人都不可複製,都不應該妄自菲薄,也不該狂妄自大,所有人都是平等的。在平等、尊重的基礎上,還要承擔責任並傳播正能量,始終培養包容互助之心。我們需要為自己建立一個互通、互助的平台,透過自我學習、自我提升、自我覺醒來實現財富自由、幸福和諧,並懷著謙卑平和的仁愛之心,在這紛繁激烈的投資市場中不斷進步。我很願意將自己的經驗與人分享,尤其是那些正在學習,或還未開始學習專業理論的學生們,這樣就可以讓他們將理論與現實更充分結合,使他們更早、更深入了解這個市場的內在含義。

3. 重視具有「仁」性的公司

①從股東利益出發的公司

在過去十年裡,港股偉易達發放股息達到驚人的 266 億港幣,填權後其股價高達每股 173 港幣。在 2017 年的業績大會上,偉易達宣布為公司投資者派發高達每股 548 港幣的股息,相當於同年總利潤的 98.2%,堪稱最具「仁」性的港股公司了,而這已是其連續實施高分紅政策的第十個年頭。作為全球最大的無線電話生產商,偉易達是當之無愧的產業龍頭,其優秀的盈利能力也印證了這一結論。

值得一提的是,據公司財報持股比例數據來看,公司管理階級共計持有公司 35.51% 的股權,而其他大部分股權都由民眾持有。

漲聲股利
當眾人對股市的看法都一樣時,你就該落跑了

也就是說,公司大部分的分紅股息都派給了民眾股東,可見公司的「仁」性。

這些能夠為投資者帶來高股息分紅的公司,無論是淨資產收益率還是經營現金流,都會表現出強勁穩定的趨勢,而這類公司的負債率也常會保持在安全範圍內。圖 3-1 顯示了 2001—2018 年港股偉易達的股價,其上漲幅度已超越了香港恆生指數(HSI)。

圖 3-1 2001—2018 年港股偉易達與香港恆生指數走勢對比圖

股票投資者除了需要具備長遠的眼光長期投資外,還需要找出那些能夠為投資者帶來穩定報酬、並擁有長期穩健經營理念的公司。這樣的公司不僅能為我們帶來長期穩定報酬,更能表現出其在所處產業中所擁有的穩定市場份額,和公司管理階級對公司的信心。這樣的公司更能穩健成長,並吸引大量長期投資者。

綜上所述,一間具有「仁」性的公司的基本特點為:

第三章 「智、勇、仁、強」
三、「仁」——「退其身而身先,外其身而身存」

第一,不以私利為目的,且能夠穩定分紅。這證明公司管理階級考慮了公司大多數股東的利益,同時穩定的分紅也代表了公司財務的強勁;

第二,擁有長期穩健的經營理念,代表了公司主營業務的穩定,很少或不參與其他產業的經營(這將增加公司的產業競爭力,並減少經營不專帶來的風險);

第三,擁有產業內穩定的份額和持續的競爭力,能夠保證公司穩健成長,並使股東穩定獲利;

第四,公司管理階級對公司有信心。公司管理階級對公司的信心表現在大多數經理人在公司任職穩定,且其持有數量穩定的公司股票,並願意在公司股票出現跌勢時增持。

正如投資大師巴菲特對其投資生涯的總結:「我們喜歡一個具有持續競爭優勢、並且由一群既能幹又全心全意為股東服務的人來管理的企業。當發現具備這些特徵的企業,而我們又能以合理的價格購買時,我們幾乎不可能出錯。」

②重視誠實有責任心的公司

曾經有位富有的商人,帶著他的兩名徒弟阿仁和阿利,靠製作品質優良的手錶享譽全國。但由於年事已高,他希望從兩位徒弟中找到一位繼承人。究竟選誰呢?這位富商左右為難。一天他將兩位徒弟叫到身邊,並告訴他們由於時間緊迫,必須趕一份工,希望他們用最短的時間做出最多的手錶。三天過去了,富商前來驗貨,他發現阿利做

漲聲股利
當眾人對股市的看法都一樣時，你就該落跑了

出了最多的手錶，且在規定時間前便完成了任務，但手錶的品質卻良莠不齊，品質大打折扣；而阿仁做出的手錶雖然數量不如阿利的多，但品質依然優良。於是富商決定讓阿仁成為繼承人，並告誡憤憤不平的阿利，如果我們僅為謀取短期的利益，最終將失去客戶；而我們以誠為本為客戶著想的話，雖然比較晚收穫成果，但最終會贏得信譽。可見，市場信譽才是企業生存下去的根本。

有些公司雖然因為某些原因遭遇不幸，卻仍然保持著誠信正直的聲譽，沒有慌亂併購重組，沒有跟風追逐，而是兢兢業業專注於自身的主營業務，即使公司的股票下跌，也不會有長久的影響。

不同的公司管理階級，擁有不同的經營品德和原則，只有那些光明磊落、誠實守信的管理階級，才會帶領公司走向成功。投資者單從公司的財務指標上，無法看出公司的優劣，這需要我們付出大量時間追蹤和了解。總而言之，時間能檢驗一切。以誠待人的公司才是最聰明的公司，才會被更多的投資者所青睞。

③**重視擁有良好口碑的公司**

一間公司是否被大眾認可和接受，取決於其產品的品質和品牌效應。

企業透過高品質的產品和服務，及令大眾耳熟能詳的廣告宣傳建立品牌。在創立品牌的過程中，公司付出了很多的資金及管理成本，注重產品和服務品質。高品質的產品被越來越多的人接受，在同類產品中顯現出巨大的競爭優勢。也就是說，公司的口碑與其在市場中

第三章　「智、勇、仁、強」
三、「仁」——「退其身而身先，外其身而身存」

銷售的產品有著相互促進的作用，這種良性循環更容易帶領企業走向成功。

現實中，這類公司的優勢與其股價表現有時並不同步，但從長遠來看，它們之間卻有著絕對的相關性，這種不一致就成了我們獲取利潤的關鍵。

④重視擁有優秀管理階級的公司

公司所處產業的發展，能夠促進公司內在價值進一步提升，從而引起投資者對持有公司股票的積極性。股票供需結構的改變，導致股票價格變化。股票價格上漲，使公司擁有更多可支配資金，促進了公司的發展，又可以引起股票價格繼續上升，實現公司發展的良性循環。

但實際情況，通常是公司在產業發展最熱、市場高漲時，將更多可利用資金和銀行貸款用於收購、兼併、擴大規模，或投入到其他熱門產業中，這就提高了企業的風險。如果這種情況在產業繁榮期一直循環，資金的槓桿便會持續擴大。市場熱情總有一天會消退，市場對這些熱門產業和公司的追捧在未來具有贖回性，當市場降溫時，這種資金便會顯露出它凶殘的面目，企業的規模與高額的成本無法及時同步減輕。有時為了彌補公司的資金短缺，企業管理階級會想盡辦法，包括以股票質押獲得資金等方式，來暫時緩解企業的資金壓力，但市場進一步走壞可能讓情況更加惡化，這也是上市公司在衰退期，比同產業內的非上市公司衰退得更加嚴重的原因。

處於產業上升期的公司，並不意味著其管理階級是優秀的。那些

漲聲股利
當眾人對股市的看法都一樣時，你就該落跑了

真正優秀的管理階級深知進退，在產業或整個市場繁榮時期適時減少資本槓桿投資，並合理分配資產，以便在衰退期到來時減少或避免傷害。

4. 避開缺乏「仁」性的公司

上市公司與市場中的散戶投資者之間，存在著天然的資訊不對稱性，某些上市公司的股權高度集中，公司的實際擁有者基於自身利益的最大化，而做出各種詐欺、隱瞞的舉動，有時甚至聯合其他機構操縱股價及財務，即使是市場監管層也很難調查取證，更何況是大眾投資者了。這種情況的發生是市場道德風險的表現，並且這種風險始終將以各種方式存在，作為中小投資者來說，永遠無法認清其中的全部事實。

某些公司管理階級面對市場中業績預期和股價下行的巨大壓力時，會鋌而走險，運用各種手段操縱財務，達到市場的預期和滿足自身的利益。這些卑劣的手段有可能致使大量被蒙在鼓裡的投資者遭受巨大損失，有時甚至可以用「搶劫」來形容這些惡劣的造假手段，比如製造虛假公司業績、財務造假詐欺上市、私占公司財產等。在面對這些令投資者深惡痛絕的現象時，我們更需要注意的是隱藏在深處的財務操縱手段，這些情況往往處於合法與不合法的邊緣，披著「合法」的外衣來迷惑和愚弄大眾投資者，對於類似現象我們必須提高警惕。

①警惕與同產業相比，會計程序不同的公司

第三章　「智、勇、仁、強」
三、「仁」──「退其身而身先，外其身而身存」

　　這類企業的財務報表有可能存在問題：生產經營的成本被故意降低，人為增加收入。

　　一般情況下，每個產業都有大致相同的會計程序，如果某家公司與同產業內其他公司的會計程序有很大的區別，且財務狀況表現搶眼，我們就要盡量避開。合法但不合理改變公司的會計程序，能夠提升公司在產業內的財務狀況，但這種做法對於產業內其他公司並不公平，也會誤導投資者。

　　例如，某些公司會將經營性成本，如原材料採購、廣告費、行銷費、租賃費等進行資本化攤銷，這些費用將不再計入企業的經營成本中，而是以長期攤銷成本的形式，大幅提升產品的利潤率及企業盈利能力。

②警惕與同產業相比，資產折舊不同的公司

　　公司中的經營性資產，如印刷企業的大型印刷機器、物流公司的車輛等，存在使用壽命。某些公司透過延長其經營設備使用壽命，來減少財務報表中分攤的折舊費用，以增加企業收益。

　　另外，某些企業也會將資產折舊期縮短，這樣便可以將這類支出提前計入，以便改動企業的財務指標，達到欺騙目的。

　　如果發現公司存在這類問題，就更要全面了解公司的財務狀況。某些上市公司還會與關聯公司分攤經營費用、管理費用等來調節公司財務指標，這種情況常出現在集團公司與上市公司之間。當上市公司經營狀況不佳時，集團公司會調低上市公司繳納的費用、幫助上市公

漲聲股利
當眾人對股市的看法都一樣時，你就該落跑了

司承擔費用，或退還上市公司曾經繳納的各種費用等，來提高上市公司的財務水準。

③警惕與同產業相比，收入突然大增的公司

用某種方式大幅增加銷量、或將長期收益預支為短期收入，來提高收益及完成銷售目標，是一種常見的財務操縱手段。公司透過大幅促銷或預支銷售額的方式，將大量產品銷售給客戶，雖然增加了應收款項且提高了當期收入，但這樣做實際上透支了企業今後的銷量，市場短期內消化不了的商品，最終還是會影響到企業未來的收入。某些公司也會將長期合同收入計入短期收益，冒著未來業績退步的風險來提高當前業績，他們這樣做通常是因為公司面臨著財務方面的巨大困難。

另外，應收帳款的大幅增加，使企業現金流長期匱乏，這將使其陷入更大的困境之中。

④警惕與同產業相比，業績「穩」成長的公司

公司的業績能夠保持穩定成長是件好事，這意味著公司的產品或服務被更多人接受，或公司開發出了更多優秀的產品，提高了知名度，這些都使公司的財務表現保持強勁，並實現穩定可靠的成長。

但有些公司自身的產品或服務並不優秀，尤其是整體產業處於衰退期時，公司管理階級為了自身利益持續收購兼併其他企業，保持表面上穩定的業績成長水準。如果我們把企業的收購兼併比作享用美食，那麼之後的消化吸收才是關鍵。如果企業很難在短期內有效整合，那

第三章 「智、勇、仁、強」
三、「仁」——「退其身而身先，外其身而身存」

麼收購兼併會在未來造成許多不良後果。事實上，某些企業只是透過這種方式來補償自身的短期收益，這其中有一種行為，是在兼併前透過對預兼併企業，預先支付員工紅利及其他費用，並將已實現的收入延期至兼併後計入等方式，粉飾兼併後的經營業績。這樣的企業自身並無很好的發展，業績成長依靠的是作假，如果企業一旦停止作假，財務表現將大幅下滑，引起市場的連鎖反應。

⑤警惕出現大額非現金交易的公司

非現金交易就是企業售出商品，並以現金以外的方式進行價值交換。比如：一家生產清潔用品的公司，將自己所生產的商品銷售給另一家建築裝飾公司，不以現金形式結算，而以這家裝飾公司為自己企業新建的一幢大樓整體裝修，作為其商品價值的交換。這種做法最大的問題，在於如何準確界定交換的價值。如果交易一方突然破產，或出現其他無法完成價值交換的情況時，交易雙方都會遭受損失。

透過財務操縱來粉飾公司報表的公司，通常會吸引大量投機熱錢的湧入。這類公司的股票在爆炒過程中，問題一旦浮出水面，高高在上的股價泡沫便會破滅，使財富瞬間蒸發，讓所有投資者猝不及防。因此，發現苗頭並預知可能存在的問題，再及時避開，才是我們正確的選擇。

漲聲股利
當眾人對股市的看法都一樣時，你就該落跑了

四、「強」——智達者必志強

1. 市場中「知」與「行」的統一

人們崇尚「知行合一」。在人類的潛意識中「知」與「行」本身就是統一的，如果其中出現矛盾，是因為我們的認知並不是正確有效。「知行合一」的關鍵在於「知」，正確的「知」才能衍生出正確的「行」。即古人所說欲「知行合一」，必先「致良知」，如欲達成「強」，必先有其「智」。

市場中瘋狂頻繁的投機行為與理智有效的長週期投資，是「知」與「行」無法統一的實證。一方面，投機者們每日進行著各種激烈的投機行為，最終一無所獲，又始終無法真正改變自己。他們常常懷疑自己卻又不能自省，對於這樣的人來說，頻繁投機是他們最大的樂趣，更是他們難以擺脫的痛苦。

短期交易者們也會利用各種技術分析軟體上提供的各種免費指標、時間週期和各種倉位管理法等來獲利。但這樣行得通嗎？答案是否定的。比如當用時間週期來分析短期行情的投機交易時，我們知道時間週期最怕的就是突發事件的影響，這些影響因素會將週期拉長或縮短，短期趨勢也會隨之改變。這樣的突然轉折，經常會以某個突發事件為節點發生，使短期交易者無法有效設防，而造成小賺大賠的後果。在投資過程中，最重要的是要看到每種分析法的缺陷，而不是優

第三章 「智、勇、仁、強」
四、「強」——智達者必志強

勢。長週期投資可以避開短週期投機的很多弊端，事實上，長週期投資重「選時」，短週期投機重「選點」。頻繁選點提高了其錯誤率，導致無法獲取高額利潤；而長週期選時的正確率會更高，利潤率也會隨著時間的延長而提高。

有些人為了提高短期投機的正確率，採用了各種資金管理方法，譬如逐步加減倉位法、不定額加減倉位法等。但短期投機的弊端卻從未減少，反而只會增加難度。

重長週期的「選時」，而輕短週期的「選點」，將為我們在股票投資中帶來更多機會，使我們獲得長期穩定的收益。理解這其中的區別便是「知」，而此後「行」與「知」的一致，將為成功投資打下基礎。

2. 長期投資是贏家的「法寶」

任何投資能夠大獲成功，與長期正確的投資密不可分。股市中的短線投機變化無常，有的人對此嗤之以鼻，有的人對此頗感興趣，可是一旦養成了投機的習慣，將對我們的投資行為產生不良影響。頻繁的短線交易，是造成所有散戶投資者虧損的重要原因之一。它的弊端有很多，除了心態理念上的缺失外，更為重要的是頻繁投機導致盲目分析，並錯失良機。

然而，市場也需要流動性，而短期投機交易者在這裡發揮了很大的作用，如果市場中全部都是長期投資者，那麼市場也就沒有什麼流動性了。從這個意義上說，短期投機交易者的確創造了更多的市場流

漲聲股利
當眾人對股市的看法都一樣時，你就該落跑了

動性，但長期投資者的逐漸增加對市場形成穩定繁榮的趨勢有重要的作用。在股票市場中，短期投機的交易者逐漸成長為理智的長期投資者的過程，會對市場的長期穩健向好更加有利。

在我看來，市場不應過分強調短期風險控制，而應強調「長期主動逐利、被動風控」。任何不合時宜的風險控制必被市場淘汰。比起短期風險控制，我們更需要主動堅持長期投資。

美國的 Voya Corporate Leaders Trust Fund（簡稱 VCLTF，交易代碼為 LEXCX）基金沉睡了八十年，將 1 萬美元變成了 3159 萬美元，八十年來的年均複合收益率高達 10.59%，遠遠跑贏了道瓊指數和標準普爾 500 指數，可以說是當之無愧的最強基金。圖 3-2 顯示了 VCLTF 基金與標準普爾 500 指數和道瓊工業指數在四十年中的走勢。

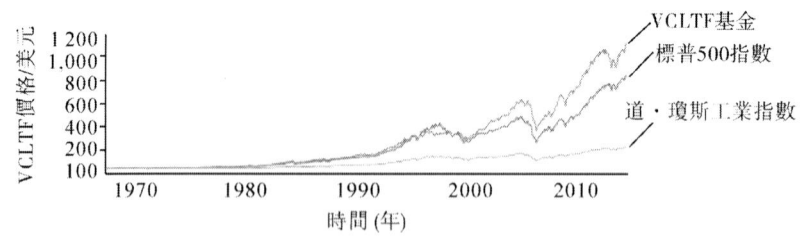

圖 3-2 VCLTF 基金、標準普爾 500 指數、道瓊工業指數走勢圖

VCLTF 成立於 1935 年美國大蕭條時代，目睹了八十多年的經濟興衰輪迴。VCLTF 活了下來，並且獲得了讓人矚目的成績，是什麼原因使其成績斐然呢？

第三章 「智、勇、仁、強」
四、「強」——智達者必志強

①**長期持有,拒絕頻繁交易**

VCLTF 的成功與其招股書中的一條重要契約有關。該契約規定：在基金的存續期內,除非發生破產、併購等致使股利無法分配的情況,任何時候都不能出售基金成立時約定購買的三十家公司的股票,也不可增持其他新公司的股票。正是這條特殊的契約,成就了這支史上最「懶惰」、也最成功的基金。

②**擁抱績優股,拒絕短期熱門股**

表 3-1 顯示的是 VCLTF 目前持有的前十大重倉股,相信其中有很多股票大家都耳熟能詳,比如日用品生產巨頭寶潔公司、石油天然氣生產巨頭埃克森美孚、環保化工巨頭杜邦公司,甚至還有巴菲特的波克夏·海瑟威公司等。這些都是各個產業中的翹楚,是久經歷史考驗的績優股。

表 3-1 VCLTF 前十大重倉股

股票名稱	代碼	股票名稱	代碼
聯合太平洋	UNP	寶潔	PG
伯克希爾·哈撒韋	BRK.A	霍尼韋爾	HON
埃克森美孚	XOM	馬拉松石油	MRO
普萊克斯	PX	杜邦	DO
雪佛龍	CVX	維亞康姆	VIA

VCLTF 在 1935 年美國經濟大蕭條稍有好轉的時候,就一次性等

漲聲股利
當眾人對股市的看法都一樣時，你就該落跑了

比例買入三十家公司的績優股，並且堅持在之後的八十年間基本不調整倉位。其創始人的眼光和魄力都不得不讓人佩服。在讚嘆之餘，這種選擇績優股作為長線選股的策略，同樣非常值得我們借鑑。

但是，長期投資並不代表買入後始終持有。當市場情緒高漲時，也要適當調整，但並不意味著頻繁交易，而是在控制風險水準的同時，長期堅持「反其道而行」的投資策略，並盡可能保持耐心。

3. 律己是走向成功的關鍵

世界上最難賺到的錢，就是股票交易的獲利。在股票交易中賺到的錢是痛苦之財，人們先得到的是痛苦。股市中沒有收支平衡，市場出現風險時盡量減少損失，市場對我們有利時盡量多盈利。想要生存下去，就要在失敗時不氣餒，勝利時保持謹慎清醒。股市裡沒有永遠的成功，律己才應是時刻遵守的教條。儘管我們會試著控制自己的本性，躲避對我們不利的事情，但即使這樣，當我們面對金錢時，仍然難以控制欲望，常常會因為非理性的判斷而魯莽行事。

4. 不斷進化是投資市場的本質

與西方投資者的成熟淡定形成鮮明對照的是，我們大多數投資者的認知，還停留在較為初級的階段：賭性太足、貪念太多、恐懼常在。我們可以透過西方投資者的進化史，來了解我們的投資者目前所處的認知階段。

第三章 「智、勇、仁、強」
四、「強」——智達者必志強

西方股票投資的思想史，大致經歷了六次重大變革：
① 1790 年，美國證券交易所成立以來，人們認為股市就是賭場。查爾斯·道（Charles Henry Dow）則肯定了「理性的投機」，強調投機者在股票價格、商業預測和資本分配中的決定性影響，抨擊了「股市賭場論」、「股市完全操縱論」的教條。
② 愛德嘉·勞倫斯·史密斯（Edgar Lawrence Smith）提出了「股票是長期投資的最好工具」的理念和「股票價值決定其未來收益」的重要思想，認為購買股票是風險極大的投機。
③ 葛拉漢和威廉姆森（John Williamson），分別提出了價值投資理論和西方證券投資理論。葛拉漢提出了股票內在價值概念，強調內在價值是指一種事實，有別於受到人為操縱和心理干擾的市場價格，威廉姆森的投資價值理論則規範了企業價值的範式。
④ 哈利·馬可維茲（Harry Max Markowitz）等人認為，分散投資可以降低投資風險。馬可維茲的資本資產定價模型（CAPM）、威廉夏普（William Forsyth Sharpe）的夏普比率（Sharpe ratio）等，則建立了風險和收益的數量關係，提出了組合管理、資產選擇和資產分配的方法。
⑤ 喬治·索羅斯（George Soros）提出反射投資理論（Theory Of Reflexivity），強調金融市場參與者的認知缺陷是與生俱來的。金融市場的參與者不僅在錯誤的基礎上操作，而且其

漲聲股利
當眾人對股市的看法都一樣時，你就該落跑了

　　偏斜本身也對事態產生影響，過度反應、趨勢共振和盛衰循環，成了金融市場的常態。金融投資研究重新轉回最初的討論，即對人性的研究，不再假定投資者是「理性人」，而以「行為人」為假定基礎，表明了投資者對自身行為特點認識的突破。

⑥ 以普林斯頓大學的丹尼爾·康納曼（Daniel Kahneman）為代表的行為經濟學家，大量研究證明：行為風險是投資者最嚴重的風險。行為風險的危害，遠遠大於系統性風險和非系統性風險所帶來的危害。他透過理論和實踐證明了投資者的非理性。

　　可以說，西方的思想變革消除了具有賭性、貪婪和恐懼的金融投資行為。西方投資者的投資目標從「絕對報酬」，到「風險調整後的收益」，到「資產分配」，再到「了解自己的行為本質」，是一個漫長的循序漸進的過程。

　　需要明白的是，儘管投資者不斷改變自己適應股市的變化，但似乎始終處於後知後覺的被動狀態。股市是一片充滿未知和危險的叢林，而我們是身處其中、需要不停進化的生物。

5. 建立「框架」跨越人性的弱點

　　投資者很難適應股票市場的變化，理論上，打破這種尷尬的局面有兩種方式：一種方式是積極改變自己的理念，盡量適應市場的變化，

第三章 「智、勇、仁、強」
四、「強」——智達者必志強

需要我們投入很多精力;第二種方式就是透過自省,建立屬於自己的框架。我們不需要在框架外尋找,只需要把主動進入這個框架的投資處理漂亮。

比如,我在多年的投資實踐中,深知市場存在的「平均數復歸」現象,因此我所建立的投資「框架」便符合「平均數復歸」這一特性。在建立股票池時,通常會著重選擇市場大跌後「問題」產業中的股票,並圍繞有可能出現的「平均數復歸」,追蹤篩選股票。符合「平均數復歸」條件的股票便成為我的基本「框架」,而對於這個「框架」以外的各種投資機會,我不再多加關注,也不會糾結於市場中流行的股票是否還會漲得更高,只是將自己「框架」中的各種條件組建完善,並耐心等待合適的股票進入。這個「框架」的建立基於每個人的理論、經驗和對市場的不同理解。

在投資世界中,擅自闖入自己不熟悉的領域是很危險的。著名投資大師喬爾·葛林布萊特(Joel Greenblatt)曾說過:「買股票,但不知道究竟買了什麼,就如同手持火把穿過一間炸藥工廠,你可能活下來,但是你仍然是個傻子。」

建立屬於自己的具有穩定性、可重複性、可持續性的框架,拒絕急功近利、盲人摸象式的非理性投資才是正確的。對於成功的長期投資而言,持續不犯大錯非常重要。堅持不去觸碰對我們不利的領域也是人生的大智慧,故我很欣賞李嘉誠先生的座右銘「知止而後為」。

漲聲股利
當眾人對股市的看法都一樣時，你就該落跑了

6. 杜絕一切容易導致不良結果的投資習慣

在投資市場中，貪欲或僥倖心理讓我們付出了很多沉重的代價，如果我們能牢記前車之鑒，不再跨越雷池半步，便可以規避大部分的風險，成功的投資將距離我們更近。

股市中，在大多數個人投資者都盈利的時候，行情的上升走勢往往就會終止；而當大多數投資者虧損時，往往才是市場的新起點。在任何市場交易中，大多數個人投資都會失敗，下面我們就來看看造成投資者虧損的原因。

①失去理性的惡性循環

大部分渴望盈利的投資者，在股票價格上升時會變得患得患失，而在股票價格下跌時，又會因為出現的損失而後悔負疚。這源於他們不正確的心理預期，也就是他們性格中不堅定的部分。在這種情況下，他們的行為只會讓他們產生負面的情緒，如擔心、恐懼、沮喪、失去自信，最終導致投資失敗。

短期交易者通常會在一段時期內頻繁買高賣低，我們需要考慮目前的市場是否處於趨勢確立前的震盪期。有個方法不妨嘗試一下：

當你發現近期內重複出現交易失誤時，說明你已經進入封閉式的惡性循環之中了。此時必須停止交易，等待市場的趨勢逐漸形成，並在開始新的交易之前，為自己制定盡量具體的投資策略。這種做法可以主動打破交易中的惡性循環。如果我們制訂了長週期的投資計劃，就需要更多的耐心來驗證趨勢。

第三章 「智、勇、仁、強」
四、「強」——智達者必志強

人們還經常在交易中受到先前交易結果的影響，使自己在新一輪的交易中無法保持輕鬆的狀態。其實，新的交易與過去沒有任何關係，無須給自己太大壓力。

②市場中不存在「交易真理」

個人交易者容易相信小道消息，和所謂「專家」的投資建議，誤以為損失是由不清楚交易祕訣和沒有聽從指導所致，因此陷入失敗的惡性循環。

市場上充斥著花樣繁多的騙術，有些甚至可笑至極。我曾經見過有人利用易經占卜，指導投資者交易及新股申購的時機選擇，並大肆鼓吹過往的業績，將其軟體高價售賣給許多個人交易者。那些被迷惑的投資者深信其獲利技巧，興高采烈。但在一段時間後，他們開始醒悟，並嘗到了愚昧行為帶來的苦果。

即使有經驗豐富的人推薦你百分之百會上漲的潛力股，但因你的經驗不足，對所推薦股票不了解，無法掌控買入時間、出局時點，且不具備處理突發情況的能力，最終也會導致投資失敗，正像安德烈·科斯托蘭尼那句經典的話：「病人不是死於疾病，而是死於別人給他們吃下的藥。」

股票投資的世界中沒有絕對的「真理」，一定要具體問題、具體分析。如果股票市場中有一種技術或理論能夠解決交易中出現的虧損問題，那市場中就永遠沒有失敗者了。

漲聲股利
當眾人對股市的看法都一樣時，你就該落跑了

③「會學」而不「會用」

對於股票市場中的投資者來說，學習股票投資的各種理論是必要的，但是無論哪種投資理論或技術分析都有其不足的地方，投資者對其盲目相信，是導致失敗的一個重要因素，只有謹慎才能夠確保投資安全。

股票市場中流行的「艾略特波浪理論（Elliott wave principle）」雖然對股價上漲和下跌的形態描述很貼近現實情況，卻沒有給予關於波浪形態發展時間長短的測量方法，這關乎投資分析的成敗。因此投資者依此方法分析股票走勢時，往往會後知後覺。此理論讓人們似乎在任何時候都能看到股價即將發生變化的可能性，但卻頻繁出現錯誤。

「海龜交易法（Way of the Turtle）」曾經風靡一時，這個交易法的創始人是為了證明任何投資者均能利用一套簡單、機械、高效的交易方法長期盈利。雖然這種方法使一些人獲得成功，但仍存在許多疑點，比如交易員在進行長期機械簡單的交易時，是否不會被個人情緒所影響？當影響交易員心理情緒的狀況發生時，交易也會或多或少受到干擾，這無疑會對「海龜交易員」的盈利造成重大影響。

在進行「海龜交易」實驗期間（1984—1988年），美國股票處於上升期，即便經歷了1987年下半年的大幅下跌，仍有可觀的漲幅。同期，國際商品市場的行情也有不錯的表現。我們知道，投資市場的環境對投資收益會產生重要影響，即使不擅長投資的人在市場環境大

第三章 「智、勇、仁、強」
四、「強」——智達者必志強

好時也有大幅盈利的可能性。基於此,「海龜交易法」在其他表現不好的市場中,就很可能造成完全不同的收益結果。如果投資者對「海龜交易法」盲目痴迷,且未做出謹慎分析,就很可能因盲目投資而造成損失。

在投資市場中,我們還需要謹慎解讀資訊,分析資訊是否有效有時並不在於資訊的好壞,而在於市場環境的影響。客觀來說,投資者的理解能力會受到投資市場環境的干擾。現實中常會出現,股票的上漲使市場投資者對利好消息過分解讀,並忽視不利因素的情況。因此擁有經驗的投資者會明白,不是消息產生了股價,而是股價產生了消息。

經歷才能產生經驗,一名成功的投資者可以忽視市場時刻發生的變化,但應該理解背後的原因,即使已經成為所謂的「專業投資者」,但不會思考就不會在市場交易中取得長期成功。「會學」與「會用」大不相同,因此,我們不能成為資訊的「存儲器」,而要深挖這些理論分析方法所存在的缺陷,對所獲得的知識進行理性應用。

④急於求成的暴富心理

急於求成是投資市場中的大忌,它會導致我們對隱藏的風險視而不見,或者把風險放大到無法控制的地步。利用超額槓桿資金投機股票,就是一個典型的例子。

並不是說沒有因槓桿投機而取得成功的人,而是在他們透過大量槓桿資金盈利後,卻因無法承受情況突變,而遭受成倍損失。這些投

漲聲股利
當眾人對股市的看法都一樣時，你就該落跑了

機者偶爾透過放大槓桿資金而盈利，巨大的誘惑加強了投機者對槓桿資金的依賴。為了滿足更大的收益需求，槓桿比例常會被調整，而對盈利的盲目性超過了對資金風險管理的控制力。當風險逐步提高並出現投資失利時，損失的程度往往驚人，即便是多次成功的投機，也禁不住偶爾幾次難以控制的失敗所造成的巨大損失，而這注定了槓桿投機的盈利只是過程，而不是最終結果。

這種利用超比例槓桿資金投資的方式是極端的，會使我們在市場波動時缺乏耐心和信心，因為我們無法預測短期市場的波動是否會極端演化，槓桿資金在這方面有著天然的劣勢。

避免急於求成的投資心理，能有效控制投資中主動提高風險的行為，樹立正確的財富觀會增加投資的樂趣。

⑤分辨運氣與能力

在投資市場中，我們要學會分清自己的成功靠的是運氣還是能力，只有了解自己成功的真正原因，才不會被隨機性愚弄。

投資者在投資股票的過程中，會發現自己往往受到運氣的影響。當買入某支股票後，第二天市場公布了這支股票的突發利好消息，隨之股票價格大漲；當股票市場整體大跌或這支股票突發利空消息，這支股票就會出現大幅下跌。這些突然發生的情況都處於你的預期之外。在投資中運氣隨處可見，而投資者能否分辨運氣與能力，與投資者對所買股票的企業是否有深入了解有重要的關係。有些人對自己所買股票的企業根本不了解，甚至連其所處產業都不知道，即使他們買入的

第三章 「智、勇、仁、強」
四、「強」——智達者必志強

股票價格上漲,也僅僅是運氣好而已。

2014年8月,股票市場強勁向好,我的一位投資者朋友在買入某支股票後,詢問我的意見。我了解到,這家公司由於實現盈利,「ST」被摘帽,但卻因涉嫌資訊披露違法,於2014年6月17日被政府立案調查。而且我認為,此公司可能不僅存在這一問題,也許還有更嚴重的違法行為,因此建議朋友不要持有此股。但之後幾天,這支股票的大幅上漲使他仍舊信心滿滿,並告訴我這支股票正是「利空出盡皆利好」的典型。

2014年12月9日,該筆投資收到了處罰決定書,因存在財務造假及資訊披露違法違規將被下市。此時,我的那位朋友已經在這支股票中虧損了50%,好運不再。

投資者因能力而盈利則完全不同。投資者想要了解一家企業,首先要了解這家企業所面臨的風險,在此基礎上才能充分準備。對投資風險的解讀和風險控制下的投資行為,屬於投資者的投資能力,這與運氣式投資完全不同,即使在投資過程中突發不可測因素,投資者也能理性應對。

⑥投機者只關注眼前的得失

長期投資者能夠促進市場長期向好的趨勢,他們長期持有公司股票,與公司的成長方向一致。他們可能是公司的所有者、股東、看好公司未來前景的機構投資者,或個人投資者,無論市場環境好與壞,他們始終默默持有公司的股票。

漲聲股利
當眾人對股市的看法都一樣時，你就該落跑了

當市場交易逐漸活躍，投機者開始參與，那些短視投機者只是想在市場活躍時買低賣高，趁機撈一把，而任何風吹草動都會讓他們停止「進食」，四散逃去。當市場行情更加向好時，參與的短視投機者也會變得越來越多，共同將市場推向新高度，直至出現泡沫，當市場見頂回落時，他們便成了助推的動力。投機造成了瘋狂拋售，也造成了市場大幅度的下跌和投資者們的恐慌，因此市場再度低迷。隨著市場中長期持有者數量的增加，市場的底部逐漸抬高，一段時間後，市場趨勢也會開始向好，而在這期間，短視投機者歷次追漲殺跌的參與，並沒有使他們獲得好處。我們可以認為，長期持有者才是市場大趨勢的真正製造者，而只關注眼前得失的投機者，只是圍繞這個大趨勢短暫活躍。

在投資股票組合時，大多數投資者習慣賣掉上漲的股票，而繼續持有下跌的股票，不願意賣出虧損的股票是因為他們不能接受損失。事實上，賣掉有可能進一步虧損的股票，能夠提高整體股票組合的盈利水準；而保留虧損股票，卻會提高整體股票組合虧損的機率。因此在投資中目光短淺、只關注當前得失，百無一利。

⑦自認為的「安全性」

當投資者任職於某家上市公司時，會更加信任這家公司，並買入這家公司的股票，這便是他們自認為的「安全性」。美國曾經有一間龐大的安隆公司（Enron Corporation），2000年時因為大量的財務造假而破產。在破產清算時人們發現：公司員工65%的退休金，都被

第三章 「智、勇、仁、強」
四、「強」——智達者必志強

自願投資到本公司的股票中,也就是說這個公司的退休金,大部分都放在了員工自認為安全的環境中。投資者自認為對公司的了解,導致了錯誤的投資決策。事實上,即使長期任職於某家企業,也不能代表你理解了企業內部的複雜性。當企業的情況處於我們認知範圍內時,投資才具備了基本的安全性。

投資股票,我們在培養自己能力的同時,要相對縮小「能力圈」的範圍,學會對自己的能力做減法,讓我們更加理性認識投資的複雜性。

7. 簡單優於複雜

在分析股票投資、產業及其他事件時,越是簡單越能提高正確性。

在投資中,我們常會根據所得到的各種資訊,推測出看似有條理的投資邏輯,但這不一定就是最合理的。過多資訊的干擾導致了過多複雜的推測,稍有偏差就會導致完全不同的結果,只有基於確定因素的分析,才能夠保證判斷的正確性。確定性因素能夠為我們帶來現實的預期,有時候情況越是簡單,對我們的幫助越大。為了讓讀者體會這種可能性,我們來看看下面的表述:

下面兩個表述中,你認為哪個可能性更高?

① 花園中有花;花園中有紅色的花。
② 股票市場某個板塊會出現反彈行情;股票市場的紡織板塊會出現反彈行情。

漲聲股利
當眾人對股市的看法都一樣時，你就該落跑了

　　大多數人都會對這類問題有清晰的判斷。花園中有花的可能性遠大於有紅色的花；紡織板塊股票的反彈機率，會遠小於股票市場中任意板塊出現的反彈行情。之所以我們能夠清楚辨別其中的邏輯，是因為這些可能性只是機率的不同，並不具備前提的因素，因此並不會造成我們判斷失誤；但在現實的投資分析中，我們往往會根據前提事件推測分析，這種思考模式會導致我們在邏輯判斷上出現失誤。如果我們把上述兩組陳述加上一些前提，結果將大為不同：

① 園藝師在花園中種滿了玫瑰。
② 紡織產業股票在前兩次都出現了大幅反彈的行情。

　　這些前提的加入將會完全改變分析結果，我們會認為紅色的玫瑰花最常見到，當花園中灑滿了玫瑰花種子時，紅色的花一定是最可能出現的；而已經出現了兩次的紡織股票大幅反彈行情，更可能還會有第三次。邏輯的改變是因為前提因素造成的干擾。事實上，前提事件與結果往往毫不相關，這些明顯的前提事件，會讓我們忽略其他重要因素，而將注意力集中在錯誤的連貫性之上。

　　簡單，是得出正確分析結論的基礎，包含假設的因素越多，判斷失誤的可能性越大。當我們將目光放回簡單的基礎機率（如相信花園中各種顏色的花都有可能出現；股票市場的反彈行情也有可能在其他板塊中出現）上時，就能夠減少出現極端錯誤。

第四章　勤儉的力量

漲聲股利
當眾人對股市的看法都一樣時，你就該落跑了

　　每位投資者都希望有朝一日能取得成就，專業投資者除了需要優秀的專業能力和心態，更需要強大的自我約束力。自我約束力是對物質欲望的減少、對驕傲自滿的拒絕和對理想事業的執著。要想達到這種人生高度，勤儉的生活態度必不可少。

　　對於投資者而言，勤儉能夠讓投資者將精力集中在自己熱愛的事業上，而不是沉迷於對物質的追求和享受。

　　勤儉也是競爭力，勤儉的精神能夠使你在面對困難與挫折時保持一貫的進取心，有效遮蓋自身的脆弱性。事實上，大多數成功人士懂得如何更好利用金錢，這也是一種快樂。

　　節儉高效的生活與工作觀，有利於達到投資的複利效應，讓我們獲得豐厚的投資報酬。投資者養成勤儉的習慣，就能擁有更多的耐心與自制力，適應股票市場的千變萬化。

　　勤儉的企業家是擁有足夠自制力的領導者，他們會停止浪費時間與精力，大大增加了企業在管理運作中的務實性，提高了企業的競爭力。認識到這一點，對於投資者如何選擇企業有著重要的意義。

第四章　勤儉的力量
一、勤儉養志利投資

一、勤儉養志利投資

　　想要成為出類拔萃的專業投資者，就要擁有大多數人不具備的人格特質，以苦為樂，以志為趣，以勤儉的作風修身養性。投資者不能淡泊物欲，就無法樹立遠大的理想，沒有內心的寧靜就無法讓志向遠大。奢侈就像毒品，既使人興奮又使人衰弱。古往今來，無數的偉人、商界泰斗、投資大師都崇尚勤儉，他們不是因成功才變得勤儉，而是因勤儉而取得成功。拒絕奢侈是一種人生態度，更是一種人生智慧。始終保持謙虛謹慎的心態，能讓我們把目光放到更遠的地方。

　　勤儉的人生態度是艱苦創業和奮發向上的優良特質。很難想像一個揮金如土、貪圖享受的人，將來能成為某一領域的棟梁之材。習慣奢侈享受的人對金錢更加敏感，在面對股票市場上的誘惑及恐慌時，就會更在意眼前的得失。這種人可能會抱著一夜致富的心態進入股市，在這種投資心態的驅使下頻繁操作，追漲殺跌便是他們投資的常態，後果不堪設想。

　　在不斷變化的股票市場中，勤勞讓我們不斷努力和行動，積極研究分析市場，時刻警惕市場中可能發生的各種變化。被動的投資方式，將使我們無意識陷入沉沒成本（Sunk Cost）中。勤勞能夠有效減少沉沒成本，懶惰則會主動為自己製造沉沒成本。

漲聲股利
當眾人對股市的看法都一樣時，你就該落跑了

二、專注力和勤儉總相伴

專業投資者能夠投入大量時間和精力研究投資，想要成為專業投資者，就要培養專注力並忍受其中的痛苦和寂寞。勤儉能使我們遠離浮華的人生享受，踏實專注為理想事業而奮鬥。如果投資者在追求成功的道路上沒有投入極大的專注，將會舉步維艱，難以成功。

華倫·巴菲特年輕時對投資產生興趣，並開始研究股票。他用幾個月的時間閱讀了一個世紀的報紙，了解商業循環的模式、資本主義的歷史、現代公司的歷史等。他專注於自己的所愛，生活卻一直很簡樸，勤儉的生活習慣讓他將更多精力投入自己認為更加有意義的事情上。他的座駕是輛老式汽車，而車牌上是大寫的「THRIFTY（節儉）」。

巴菲特從未將奢侈的享受帶入他的生活，他稱自己的生活開銷從不會超過自己所賺取財富的1%。很難想像這位掌管著世界上最大投資公司、擁有千億財富的超級富豪，在現實生活中卻是如此低調。他幾乎用了全部的精力來關注自己所熱愛的投資事業，這種專注的精神為他帶來了無限的樂趣和巨大的成功，而生活中勤儉的習慣便是重要前提。

在這個競爭激烈的投資市場中，培養基於勤儉精神的專注力學習研究投資知識，是專業投資者的優勢和能力。專注力的培養總是與勤儉的生活作風相伴，如果投資者摒棄越多對投資無益的習慣，便會越

第四章　勤儉的力量
二、專注力和勤儉總相伴

少出現對投資事業不利的局面。

漲聲股利
當眾人對股市的看法都一樣時,你就該落跑了

三、勤儉的威力——複利效應

　　日本有位著名的投資人,他的經歷讓我大為感嘆。這位投資人出生在一個貧寒的家庭,為了改變自己的命運而堅持努力學習,最後在大學裡謀得一職,但薪水並不高;即便結婚後,他的狀況依然沒有改變太多,但因從小勤儉,他存了一大筆資金。當時正逢第二次世界大戰後社會經濟大蕭條時期,加之日本是個自然資源匱乏的國家,嚴重的通貨緊縮,導致所有資產價值大打折扣,無人問津。他卻在別人最捉襟見肘的時候,用多年累積的薪水,以當時超低的價格買下了一大片林場,在日本經濟復甦後,獲得了人生中的第一桶金,走出了事業成功的關鍵一步。

　　普通投資者並沒有豐厚的資本,勤儉的生活習慣能為我們累積初始的投資資金,而我們要做的就是將自己擁有的小資金像種子一樣呵護,當投資機會出現時,將它播種並耐心等待收穫。如果說人生機遇是「1」,那麼資本就是它的倍數,沒有資本的機遇是一場空,而不勤儉的人生很難獲得這樣的成功。

　　獨到的投資理念及良好的勤儉習慣,將更有可能實現投資資金的複利。

　　從理論上講,我們將一張夠大且厚度僅為 0.1 毫米的紙對折疊 5 次後,其厚度將與一本普通教科書的厚度相近;如果折疊 23 次,其厚度已經達到了 1000 公尺;當折疊次數達到 30 次時,此時的厚度將會

第四章　勤儉的力量
三、勤儉的威力——複利效應

達到 10 萬公尺；在折疊了 51 次後，它的厚度將超過地球與太陽的距離，這就是「複利效應」。

巴菲特在三十歲之前，靠投資獲得的年平均複利是 20.5%；二十年之後隨著其穩定的投資收益，其資金的複利效應呈現爆炸式成長。而他認為自己一生中 99% 的財富，都是來自五十歲之後的投資。

他的驚人成就除了來自複利外，還歸功於他節儉的習慣。如按照其年平均 20% 的收益，套用複利公式來計算的話，他在三十歲時如果浪費了 1 萬美元，到五十歲時他的損失便是 383376 美元，而到他七十歲時因此遭受的損失，將達到驚人的 14697716 美元。以此類推，在巴菲特九十歲時，他為了六十年前的生活享受所多支付的 1 萬美元，將帶來如今 563000000 美元的損失。

Y（投資收益）＝ x（1 + r）n

（x 為本金；r 為報酬率；n 為時間）

資產的長期複利效應，是靠平均年收益累積所得。股票市場中的年收益很難做到平均化，甚至在某些年裡，收益會為負。現實中投資股票的收益會表現得更加複雜，但我們仍可以看出，影響複利收益的核心因素除了方法和時間外，更重要的就是對資金的完整保存，而能夠完整保存資金的方式，就是勤儉的生活態度。

試想一下，如果一位出色的投資者在牛市剛到來時，花費了大把金錢追求物質享受，那麼在牛市繼續向好的日子裡他潛在的損失將會非常巨大。勤儉的習慣將使種子資金完整保存下來，使投資者感受到

漲聲股利
當眾人對股市的看法都一樣時，你就該落跑了

投資資金不斷升值的喜悅。投資股票的方法有很多，投資者缺乏的是耐心。耐心是一種人生觀，勤儉自律和正視財富的人生觀能增強投資的耐心，使投資者擁有在股市的漫漫長路中獲取複利收益的可能性。

與短期投機一樣，會威脅投資者的就是沒有勤儉的態度。不勤儉，即使在投資中再優秀，也會使資金無法複利成長。及早樹立正確勤儉的財富觀並提前規劃投資事業，會給予投資者非凡的力量。

我從很小便樹立了勤奮節儉的人生觀，很少追求物質享樂，這使我在面對物質欲望時能更好控制自己，而將自己的精力更多用在熱愛的投資事業中。勤儉的生活態度幫助我輕鬆度過了股票市場熊市的寒冷時期，而在牛市中耐心堅守，擴大投資成果。

第四章　勤儉的力量
四、勤儉的企業精神更有競爭力

四、勤儉的企業精神更有競爭力

　　勤儉的精神不僅是我們需要培養的人生態度,也是評估他人的標準之一。

　　一位企業的領導者,如果在企業日常經營中始終保持勤儉的作風,這代表他對企業的成本控制非常重視,他的企業在市場競爭中也會做得更好,因為企業的盈利常常是建立在低廉的營運成本上。

　　華倫‧巴菲特將這一觀點切實運用在了選擇投資企業的標準中。在美國的奧馬哈城有這樣一間家具公司,它的創始人是一位在第二次世界大戰期間因逃難來到奧馬哈的猶太女人,從小的貧困生活,造就了她堅韌不拔和勤勞儉樸的性格。她從當鋪做起,之後逐漸擴大經營範圍,並創辦了內布拉斯加家具商城(Nebraska Furniture Mart)。憑藉勤儉的作風,她合理大幅降低了銷售成本,大幅擴大了市場份額。在她去世後,子女繼承了她的事業以及勤儉、堅強的精神。這間不斷壯大的公司吸引了其他公司收購的目光,最終如願以償的是巴菲特的波克夏公司。巴菲特崇尚的正是這種勤儉精神為企業帶來的強大市場競爭力,這次收購為巴菲特帶來了每年超過 1500 萬美元的利潤。

　　勤儉是投資中重要的價值觀,不具備勤儉德行的投資,將很難具備持續的競爭力。對於成長中的企業來說,企業管理者揮霍掉的每一分錢,都將導致企業未來的利潤成倍減少。而勤儉帶來的增值效應每個優秀企業都不可缺少,對企業來說如此,對專業投資者們來說同

漲聲股利
當眾人對股市的看法都一樣時，你就該落跑了

樣如此。

附錄　與朋友談股票投資

朋友：我很想知道，你認為的股票投資本質應該是什麼？我認為股票投資最應該有的就是耐心，是等待和耐心。

我：是的，這是能夠獲取超額收益的關鍵，但投資的其他要素也同樣不能缺少。比如，投資的綜合能力、交易的心態和市場的環境因素等。

朋友：這些投資要素以什麼樣的順序體現呢？

我：你可以回憶一次成功的投資所包含的過程。首先，判斷市場環境時需要清醒，因為即使最棒的交易者，在市場大環境不利的情況下也很難賺到錢；反過來說，即使最差的交易者在市場環境有利的時候，也能輕鬆賺到錢。所以對於市場環境的認識，可以說是進入市場開始投資的基礎。

朋友：是的，某些時候投資的市場環境比能力更重要。

我：沒錯。但投資能力才是你能控制的東西，而市場環境你並不能控制。在這之後你就要利用好方法尋找有潛力的公司了，它並不一定是業績優良穩定的企業，這個「潛力」可以表現在很多方面。比如雖然目前遭遇不利，但市場競爭力仍然強勁的企業、管理階級對股東負責的企業等。特別注意，要謹慎選擇那些熱門的產業和公司。有時候，之所以一些投資者會買入市場中「流行」的股票，是因為他們把「熱門」和「潛力」的概念搞混了，如果分不清這兩者的意義，他們

第四章　勤儉的力量
四、勤儉的企業精神更有競爭力

的投資就會遇到麻煩。

朋友：是的，熱門股的確會經常讓人失望。

我：對於擁有「潛力」的公司，每個人都會有自己的理解，並且道理都講得通，但通常大多數投資者自己滿意的投資卻很少。所以我認為，投資更多的是藝術行為而不是技術行為。當你有幸選擇、並買入具有潛力的公司股票後，就開始必要的耐心持有過程了。這個過程會很痛苦，當你遭遇股價的波動、不利消息造成的心理波動時，能夠使你忍受痛苦煎熬，都來源於你對這家公司股票的信心。自信心卻受你在之前分析這家企業的方式的影響，這正來源於你的能力。並且在這個過程中，最痛苦的應該是某一時期其他股票強勁的上漲，而自己手中股票卻表現不佳，這對信心的打擊不可小視。

朋友：你的意思是說，能夠長期投資的耐心來源於能力給予的自信心？

我：沒錯！在市場投資過程中，自作聰明的人實在太多了，這些人往往會想像著既能長期跟進某支股票，又能同時博取其中短期波動的差額利潤。這樣做的後果只有一種，即兩頭空。假如我們已經在市場環境有利的情況下，依靠能力選擇到有潛力的企業股票長期投資，那麼未來退出市場的時機，就成了你收穫利潤的關鍵了。這些基本上是一個成功投資過程中必要的因素：市場環境、自我能力、心態以及風險控制。投資過程中的每個環節都要正確，投資中常有「差之毫釐，謬以千里」的事情發生。

漲聲股利
當眾人對股市的看法都一樣時，你就該落跑了

朋友：是的，這個很關鍵，即便優秀的投資者也很難做到。

我：所以我認為，投資才是世界上最難賺錢的職業。

朋友：出場的問題，我還沒想好。

我：出場是最終環節，畢竟所有的買入都是為了賣出。

朋友：是的，那麼賺錢之後賣出都是對的嗎？

我：人人都在考慮賣出的問題，這個問題要從另一個角度來看。如果你在所有交易中賠掉的錢比賺到的錢更多，那也就意味著你在交易賺錢時少賺了該賺的錢。

朋友：是的，這個就很難了。

我：所以很難抉擇賺了錢是否該賣出，我認為這不是學問，這屬於藝術範疇。

朋友：那怎麼抉擇？即使不明白也要繼續想嗎？

我：思考問題的方式對了，問題自然會有答案。這裡更多的是需要悟性、對交易的敏感性，交易心理學也許對其更有幫助，這與巴菲特在中國石油上市後的選擇類似。

朋友：能說的再具體一些嗎？

我：巴菲特在中國石油上市後，立即將其股票拋售，為什麼呢？我認為是因為他心裡的標準正確，我說的標準正確，不是指他對價位的正確判斷，因為股票的價位是在所有因素的綜合影響下產生，常常偏離真實，要嘛更高，要嘛更低，無法預測。從這點來說，股票的價格是虛空的，用這個虛空的表現進行交易判斷，一定不會可靠。

第四章　勤儉的力量
四、勤儉的企業精神更有競爭力

　　而心中有正確的標準則不同，因為標準才可以衡量出市場是否出現偏離，心中有桿秤才能「測量」出市場交易的品質，我說的「測量」更像是「感悟」的意思。

　　朋友：出現這些細微的變化是關鍵，估計就是你說的經驗了。那麼，有哪些細微的變化需要注意呢？

　　我：實在很多！這樣講吧，如果某個人能把這些細節說得很具體，那就不是直覺了，對待這個問題是要有些藝術感。

　　朋友：聽起來的確很深奧。

　　我：我的意思是不拘於形式、沒有具體的形式樣貌。重要的是自己心中那桿秤，如果有正確的感悟力，難道還怕看不到別人的錯誤嗎？所以關鍵在於自身的問題，而不是自身之外。時間和過程的確能培養出經驗，但自己得到的經驗不一定就是正確的。

　　朋友：沒錯，經驗不一定是正確的。

　　我：即使你擁有了許多經驗，也要知道，世界上沒有可以適用所有情況的經驗，每種經驗只在特定的時間段或狀況下才會顯得更有價值，並且要明白在投資的世界中，新遇到的問題會比能學到的經驗更多，在問題出現之前便領悟到，會比既有的經驗更有價值。

　　朋友：這個很難，這是一種舉一反三的能力。

　　我：我認為對於學識，可以用難與不難來界定，但對於投資的藝術感就很難用難與不難來說明。比如，會拉小提琴的人很多，但不是每個人都能成為小提琴家。這也從藝術家與科學家的區別中可以看出，

漲聲股利
當眾人對股市的看法都一樣時，你就該落跑了

前者更具有創造力，後者更加博學嚴謹。藝術的世界不僅需要技藝的累積，更需要放開知識技能的拘束、放飛想像力、擁有創造力，感悟那些無法言說的奧妙。我們所能看到的投資世界都是表面現象而已，就像航海中的船舶，只能看到遼闊的大海，卻感受不到海洋的深邃，我們領悟到其中的內涵，才能感受到投資的真實世界。投資的世界不止資金的關係那麼簡單，也不止於人類心理活動那樣無常，投資的世界就像一種巨大的生物擁有自己的演化邏輯，沒有規律、捉摸不透，我們只能培養自己強大的適應力，提高對市場的適應性。

朋友：是的，就像西方人，到了東方會感覺很新鮮，幾年後才能看出生活和習慣中的本質區別是什麼。

我：所以這個「修練」過程不能急，急也沒什麼好處。

朋友：是的，看出來了，但是不了解機制和架構還是不行。

我：沒錯，基礎原理的東西要學，而更深的東西無法學。我的意思是說所有能學到的知識，不管看起來多麼複雜，實質上都是表象。投資中真正能為你帶來成功的，書本上所學不到。

朋友：是的，即使講出來也很難懂。那麼交易中盡可能做長線，是不是能夠提高收益率？

我：我認為，需不需要堅持你的交易，前提還是要看心中那桿秤的測量能力了，雖然要以具體情況來定，但有些大數據的分析也可以提供一點啟發。人們有很大機率都會過早出售盈利的交易，一旦賣出上漲的股票後，它還有很大的機率會上漲更多，而堅持不賣虧損股票

第四章　勤儉的力量
四、勤儉的企業精神更有競爭力

的行為源於「沉沒成本」的心理，這是種對交易不利的心理問題。

朋友：明白了。你曾經說過，可靠的預測是以更少的不可確定性和更多的可確定性因素為前提，如果說在投資中，時間可以造成更多不可確定性因素的話，為何股票長期投資的成功率，會比短期投機的成功率更高呢？

我：這其中之一的原因是，選擇低於平均值的股票做長期投資，成功率高。低於平均值的幅度與長期投資成功率呈正比關係，即低於市場平均值幅度越大，投資成功率則越高，這是因為當你對股票價值下限估測得越準確時，基於長期的不確定因素，對其向下的影響則會越小，而市場中「平均數復歸」的特性會更容易為你帶來收益，而「平均數復歸」需要足夠的時間來證明。與此類似，我們對設定長期投資計劃時的投資環境越惡劣，越能減少未來長時間內不可測因素對投資的負面影響。

朋友：是的，那假如經濟下行壓力變大，是否符合你對股市環境惡劣的判斷？

我：我說的投資環境，經濟狀況也是原因，但更多是市場內部因素所造成，因為經濟與股市並不會出現完全同步的狀態，從經濟上不會明顯看出股市的走向，但最終它們的大方向還是趨於一致。反過來說，即使經濟真的下行，股市也未必表現糟糕，這個不用過度擔心，退一萬步講，即使經濟衰退時，在通貨緊縮的情況下，同樣會有投資的機會。機會永遠有，我們只需要盡量適應環境，但不管是何時，投

漲聲股利
當眾人對股市的看法都一樣時，你就該落跑了

資機會都只留給有現金儲蓄的人，所以最重要的是在糟糕的情況發生後，你還有儲蓄。

第四章　勤儉的力量
四、勤儉的企業精神更有競爭力

國家圖書館出版品預行編目資料

漲聲股利：當眾人對股市的看法都一樣時，你就該落跑了 / 肖瑞著. -- 第一版. -- 臺北市：崧燁文化, 2020.09
  面； 公分
POD 版
ISBN 978-986-516-464-5(平裝)
1. 股票投資 2. 投資分析 3. 證券市場
563.53   109012655

官網

漲聲股利：當眾人對股市的看法都一樣時，你就該落跑了

臉書

作　　者：肖瑞 著
編　　輯：簡敬容
發 行 人：黃振庭
出 版 者：崧燁文化事業有限公司
發 行 者：崧燁文化事業有限公司
E - m a i l：sonbookservice@gmail.com
粉 絲 頁：https://www.facebook.com/sonbookss/
網　　址：https://sonbook.net/
地　　址：台北市中正區重慶南路一段六十一號八樓 815 室
Rm. 815, 8F., No.61, Sec. 1, Chongqing S. Rd., Zhongzheng Dist., Taipei City 100, Taiwan (R.O.C)
電　　話：(02)2370-3310　　傳　　真：(02) 2388-1990

總 經 銷：紅螞蟻圖書有限公司
地　　址：台北市內湖區舊宗路二段 121 巷 19 號
電　　話：02-2795-3656　　傳　　真：02-2795-4100
印　　刷：京峯彩色印刷有限公司（京峰數位）

─ 版權聲明 ─
本書版權為西南財經大學出版社所有授權崧博出版事業有限公司獨家發行電子書及繁體書繁體字版。若有其他相關權利及授權需求請與本公司聯繫。

定　　價：299 元
發行日期：2020 年 9 月第一版
◎本書以 POD 印製